北京日本学研究中心与日本大平正芳纪念财团共同合作项目

本书是北京日本学研究中心为推进面向中国的文化与教育活动、充实与日本相关的教材、促进这些教材的有效利用而与财团法人大平正芳纪念财团共同实施的"日本学术名著翻译、出版事业"中的一部。

大平正芳的外交与理念

〔日〕服部龙二／著
沈丁心 腾越／译
郭连友／校

中央编译出版社
Central Compilation & Translation Press

前　言

外交决定国运。对于日本这样资源匮乏的岛国更是如此。倘若将外交作为毕生事业的政治家称作对外政治家的话，那么大平正芳则可谓第一人。在"二战"结束后的日本首相中，只有大平正芳和币原喜重郎曾两度担任外务大臣。

大平曾任第68、69届内阁总理大臣。他出生于香川县三丰郡和田村，家庭务农，是家中的第三子。大平自幼学习刻苦，进入大藏省工作，随后成为众议院议员。大平曾在池田勇人内阁中担任官房长官和外务大臣，后担任通商产业大臣、宏池会会长，在盟友田中角荣内阁时期曾两次担任外务大臣。此后历任大藏大臣、自民党干事长后成为首相。一上任，他便开始描绘环太平洋连带构想，探索亚太地区新秩序。由于与福田赳夫不和导致党内人心涣散，最后壮志未酬，溘然离世。

大平担任外务大臣长达四年之久，作为专职的外务大臣是"二战"后最长的。吉田茂曾担任五年四个月的外务大臣，但多数时间是首相兼外务大臣，并且时间集中于同盟国占领时期。大平分别于20世纪60年代和70年代两次担任外务大臣，两次任期都是两年。再加上一年多的通商产业大臣和一年半的首相，他参与对外政策的时间既长又深。

如今，关于大平的研究虽说已有非常优秀的成果问世，但尚无从外交和安全保障的角度实证性地论证大平一生的著作。大平曾在大藏省任职，因而对于财政问题有着非常独到的见解，还时刻关注着世界中的日本。正因为他时刻关注海外，因此需要有一本传记来侧重记录他的外交政策。

大平曾在"二战"前踏上过中国的土地。他志愿担任了池田内阁的外务大臣职务，并重新开始了日韩政府间的磋商。第二次担任外务大臣时，与田中首相共同实现了日中邦交正常化。石油危机时，田中内阁致力于加强同阿拉伯各国的联系，是大平维系了同美国的关系。他担任首相时提出了环太平洋连带构想和综合安全保障，虽因突然去世未能实现，但他构想的国际秩序和日本的未来至今仍有很大的借鉴意义，这样的政治家在日本历史上也是为数不多的。

大平在对外关系中的事迹并不仅限于外交层面。在安全保障方面，大平是第一个将日美安保称为"日美同盟"的首相，还在"冲绳核密约"方面有极大的贡献。大平认为"冲绳核密约"使得政府与国民产生了很深的鸿沟，并几度认真考虑公开"冲绳核密约"；他同时也向亲信透露过这个想法，但最终还是未能实现便离开了人世。

大平外交的重点是日美合作，但并不是向美国一边倒，他注重对亚洲外交的平衡，努力构筑环太平洋政治秩序。在大平逝世三十余年后的今天，我们终于能够通过解密的外交档案和请求信息公开的方式获得了当时的原始档案，因而得以系统记录大平的外交构想。除此之外，笔者还将结合大平谈话录、大平派会议记录、亲信的访谈等资料，实事求是地记录大平其人。

论述外交政治家大平正芳，其实就是寻着主流保守派的足迹，探讨他的哲学理念。

目 录

序章　遥远的回忆　　001

第一章　"椭圆哲学"——大藏官僚　　008
1　中国大陆的考验——进入大藏省　　008
2　战败与复兴——大藏大臣秘书　　013

第二章　迈入政界——至池田内阁官房长官　　018
1　众议院议员　　018
2　"宽容与忍耐"——官房长官　　023

第三章　大平外交的开始——池田内阁外务大臣　　027
1　开启日韩关系的新局面——大平·金备忘录　　027
2　美元与核——"introduction"的苦恼　　035
3　中国大陆和台湾　　038

第四章　"'二战'后的总清算"
　　　　——从自民党第一副干事长到宏池会会长　　046
1　从池田内阁到佐藤内阁——至政调会长时期　　046
2　与美国的经济磋商——通商产业大臣　　054
3　"开启日本的新世纪"——宏池会会长　　060

第五章　追寻外交的新天地——田中内阁外务大臣　**068**

  1　日中邦交正常化　068

  2　日美关系和金大中事件　077

  3　联合国·北方四岛·石油危机　081

  4　日中航空协定　087

第六章　来自国内外的危机
　　　　——田中、三木内阁大藏大臣，自民党干事长　**094**

  1　"核密约"与货币外交——大藏大臣　094

  2　与福田赳夫的对决——干事长　102

第七章　寻求环太平洋地区新秩序——首相　**109**

  1　"超越现代化时代"　109

  2　日美"同盟"与东京峰会　113

  3　对华日元贷款与访华　120

  4　最后的旅程　125

终章　"永恒的当今"　　**133**

注释　　**145**

参考文献　　**165**

后记　　**188**

序章　遥远的回忆

农民家的第三个孩子

大平正芳的故乡叫三丰郡和田村，位于香川县西侧，是一个面向濑户内海的小村庄。"二战"后，和田村与丰滨町合并，现在是观音寺市的一部分。

大平正芳于1910年（明治43年）3月12日出生，是农民家的第三个孩子。父亲利吉和母亲佐久在大平出生前已有两儿三女，他们叫阿菊、信雄、阿哲、梦麻和数光，但阿菊和信雄在大平出生前已夭折。大平还有一个弟弟叫芳数，妹妹叫富江。（《著作集》一，99页，公文等、1990，32，34页[1]）

关于家世和父母，大平有过如下记录：

> 大平的家世已经无从查考，但似乎是战国时代自土佐迁来，是统治这一地区的豪族——大平伊贺守国祐的后代。[略]
>
> 父亲生长于大平总分家，由于是次子就另设了一个分家。他有一町二三反（日本的土地计量单位，1町＝10反＝9917.35m^2）的土地，自己耕种或向地主租地耕种，算是中农。他还担任了村议会议员和储水池总代表等名誉职位，可见其深受大家信赖。他强健、快活，工作认真、乐于助人，心地十分善良。[略]

母亲是临镇大野原町诧间家的长女，性格外向好胜。

（《著作集》一，10—11 页）

如今若寻访大平出生的老家遗址会发现它已经改建，但橡子树、松树等还留有当年的风貌。[2] 虽说房屋占地面积不小，但也算不上很大。

大平家有六个孩子，因此生活比较困难。大平年幼时穿的是稻梗编的草鞋，吃的是掺了麦子的米饭，生活简朴。虽然家住海边，但也只有特殊节日才能吃到海鲜。父母还要求他在学习之余帮家里种田、除草、喂牛。他还常听到父母谈论家里的债务。

大平喜欢在为数不多的休息日和小朋友们一同玩耍到很晚。他们在山上寻找松茸和竹笋，在海边玩水垂钓，还在河里抓鱼。（《著作集》一，11—13 页）

他儿时最初的记忆可以追溯到三四岁的时候。当时他家请了一个叫阿茂的保姆。她在地里哄大平的时候，不小心把他的头碰到了石板棱角上，鲜血直流。母亲佐久"发了疯似的抱着我跑进屋，用艾草帮我止血、擦拭"。

两三年后，阿茂开始在村头的小饭店工作。她经常将大平带到她工作的饭店去照顾他。但不久，阿茂便因病去世了。"每次路过那里，都感觉能够听到阿茂的招呼声。"这是大平儿时遥远的回忆。额头上的伤痕长大后不再明显。

1916 年（大正 5 年）4 月，大平进入和田村立大正寻常高等小学学习。

他 6 岁时，二姐阿哲嫁到了一里开外的村子。她当时 16 岁。陪嫁的队伍肩扛衣柜和衣箱，提着灯笼，缓缓爬上村头长长的坡道。衣箱就是用来整理和搬运服饰道具的大箱子。那天正值隆冬，但大平特别想加入到队伍中，一直跟随队伍走了很远。

大平家还做过编麦秆绳的副业。麦秆绳形似真田绳,用来制作夏天戴的遮阳帽。阿哲嫁人后还继续编着麦秆绳。"二姐是个沉默寡言、勤奋刻苦的人。"

她生了两个孩子,不久后去世。"二姐是因为肾脏病去世的。她为了完成份额内、计划内的工作拼命编绳子,责任感特别强,甚至连上厕所的时间都不想浪费。这可能诱发了她的病。"

年幼的大平心中产生了疑惑。后来,大平称其为"副业地狱",写道:"农民至今仍然被迫忙于副业。"(《著作集》一,99—100页)

1923年4月,大平升入香川县立三丰中学校,即现在的香川县立观音寺第一高等学校。他的母校里设有他的雕像。他每天坐火车往返于丰滨站和观音寺站。男生只能坐在前面的车厢,而女生坐在后面的车厢,这是不成文的规矩。当时大平身着和服,脚穿皮鞋(《著作集》三,288—290页)。

"家境并不富裕但也不贫穷,算不上秀才但也还算乖巧,平平常常地度过了孩童时代。"铁路开通,家家都能用上了电,"那都是个自由、平和的时代"(《著作集》三,16页)。

邂逅基督教

1927年(昭和2年)3月,大平报考了海军兵学校,但因急性中耳炎未能通过体检。这年夏天他还得了伤寒,有四个月都徘徊在生死边缘。最后虽然康复,但父亲利吉由于夜以继日地照顾他,积劳成疾,不久后去世。"父亲去世对我们一家人来说,是突如其来的不幸,也是致命的打击。"(《著作集》三,17页)

后来,是住在高松市近郊的姑妈,向失去父亲打算放弃升学的大平伸出了援手。1928年4月,大平进入高松高等商业学校,即现在的香川大学经济学部。

入学后,大平住进了宿舍。在宿舍吃的咖喱饭,是大平有生以来吃的第一顿西餐。"我生于香川西部农村,长在农民家庭,是这个宿舍让我认识了西餐、西式酱料的味道。"(《著作集》二,267页)

在高松高等商科学校学习期间,大平最大的收获是加入了基督教。一年级时,他听了刚从东北帝国大学退休的佐藤定吉博士的演讲。佐藤组织了学生团体"耶稣仆人会",致力于宣传基督教。

大平深深被佐藤的演讲所触动,参加了浅间山麓的研修会及青山的全国大会。他在观音寺的教堂接受了洗礼,但并没有加入特定的教会。他熟读《圣经》及内村鉴三等人的著作,在进入大学后还拜访矢内原忠雄并参加了《圣经》研究会。大平就这样成了政界数一数二的读书人。

大平曾向"耶稣仆人会"寄语道:"我想活到一百岁,探究真理。"他接受洗礼的教堂,至今还原样保留在观音寺[3]。

后来大平回顾道:"我曾经一时想成为牧师将一生奉献给传教事业","《圣经》是对我影响最大的一本书","当时有人成了左翼分子,但因为我信仰基督教,所以才没有走上这条路"。(《著作集》二,277页,六,400页)

成为基督教徒,对政治家大平正芳有着怎样的影响呢?时任驻日美国大使、与外务大臣大平正芳有密切交往的埃德温·O.赖肖尔称,基督教"带给大平高尚的人格和严明的规范意识,这是他成为杰出政治家的基础"。

> 大平看似内向但其实很有吸引他人的潜质,看似追随他人但实际上在暗中引导。这是因为大平对未来有着明确的愿景。(中略)
>
> 大平曾对我说过他是基督教徒。后来我才知道,他在年轻时候

当过街头福音传道者，此后还进一步在矢内原忠雄门下研究过无教会主义。大平之所以能够成为杰出的政治家，还有他高尚的人格和严明的规范意识，恐怕都是基督教赐予他的宝贵财富。（赖肖尔，1990，三，5页）

大平有一个习惯，就是十指紧握，作出向神明祈祷似的姿势。长期担任大平秘书的真锅贤二称："大概是基督教徒的虔诚信仰使他养成了这种习惯。尤其是在与人交谈或独自思考时，大平总是十指紧握。"（真锅，1976，209页）

高商二年级的暑假，大平患上了湿性胸膜炎，不得不休学一年。延期一年毕业时，已经是昭和金融危机和"满洲事变"（九·一八事变——译者注）的年代。"满洲事变时，有许多士兵被派往当地。我曾想给他们送慰问品而东奔西走，但堀江（邑一——引者注）教授制止了我，叫我不要轻举妄动。"（《著作集》二，277，344页）

从东京商科大学到大藏省

1932年3月，大平从高松高等商科学校毕业，第二年4月进入东京商科大学——即现在的一桥大学经济学部，时年23岁。

当时的武藏野还保留着国木田独步作品中所描绘的风貌，和"商科大学"有些格格不入。

我经常会在上课途中出去挖芋头。晚秋时分校园里满是落叶，充满了强烈的寂寥感。（《著作集》一，23—24页）

大平住在国分寺，为了学校的功课和通过即将到来的高等文官考

试,他拼命学习。他和友人在校园里漫步,互相提问考试题目,也常去朋友的宿舍。(长尾,1994,541页)

他加入了上田辰之助教授的演习课。"上田老师与其说是一名经济学家,不如说是一名社会学家,更可以称为语言学家。因此,他对托马斯·阿奎纳的研究及其他成果,都得益于他的语言素养。演习课大都在吉祥寺的老师家里进行。"(《著作集》一,24页)

大平还修了杉村广藏的经济哲学、山内得立的哲学史、三浦新七的文明史、牧业英一的法律思想史、中山伊知郎的经济原论等课程。在学期间,发生了杉村的学位论文"弃权票"事件。在教授会的投票中发现了弃权票,对此杉村称"这是学问精神的退步",愤而辞去了职务。(《著作集》一,25—26页)

杉村对大平的影响是深远的。毕业后,大平继续研读杉村写的《经济哲学的基本问题》(岩波书店,1935年)、《经济伦理的构造》(岩波书店、1938年)等书籍。

> 我从杉村老师那里学到了关于资本主义和社会主义的看法,关于货币的思考,生产、储蓄、投资的功能及其局限、经济型理念的指向及作为其前提的文化价值等精神和结构,甚至还对历史、自己的人生有了反省和新的思考,真可谓是一大享受。(《著作集》二,239页)

大平回顾道:"如果说我的思想可以自成一派,那么杉村老师的思想就是我的基础。"(《著作集》六,331,325页)

1935年10月,大平通过高等文官考试进入了行政科。他虽然突破了重重难关,但其内心还是向往去住友集团工作。这是因为他小时候在上学路上可以望见濑户内海的四阪岛,岛上住友精炼工厂烟囱里冒出的滚滚浓烟，不知为何让他产生了亲切感。

困惑的大平去咨询了大藏次官津岛寿一。他和津岛算是同乡。

"我明年就要毕业了，也通过了高等文官考试，但觉得去政府部门工作不是唯一的出路，请问我该怎么办？"

"来大藏省吧。"

"可是大藏省能录用我吗？"

"今天我在这里就可以向你保证，你不用考其他部门了。"

在津岛的帮助下，大平拿到了大藏省的通知。(《著作集》四，212页)

工作定下来后，大平在1936年1月向上田教授提交了毕业论文《本职社会与同业工会》，多达370页，可谓是一本巨作。(《著作集》一，326—333页)

这时发生了"二·二六事件"(指1936年2月发生于日本帝国的一次失败兵变——译者注)，大藏大臣高桥是清惨遭暗杀。津岛追随其后，从大藏省辞职。得知消息，大平赶忙前往大藏省，与津岛会面。

"听说您要辞职了，那我的工作会不会受到影响？"

"当然不会，我作为公职人员向你保证。好好学习，免得毕不了业。"

不久后，大平顺利毕业，进入了大藏省。(《著作集》四，212页)

第一章 "椭圆哲学"
——大藏官僚

1 中国大陆的考验——进入大藏省

被分配到存款部

1936年（昭和11年）4月10日，大平正式进入大藏省工作。同年参加工作的共有10人，除大平外还有宫川新一郎、福田久男、筱川正次等人。

他们身着笔挺的西装，到大藏大臣官邸拜访了马场锳一大藏大臣。马场训诫道：

> 你们已经从大学毕业了，但要时刻铭记学海无涯。真正的学问现在才刚刚开始。（《著作集》一，144页）

第一天上班时，10人共进午餐。大平向大家说："我们以后要学中国人，不要互相诋毁，要相互夸赞。指不定我们中有谁能出人头地（比如满铁总裁），到时候还可以相互依靠。"年轻的官僚们还经常一同研读马克思、山田盛太郎、凯恩斯的著作。

大平被分配到了存款部。他还兼任官房财政经济调查课科员，翻译关于纳粹德国资源分配的资料。（《著作集》一，30—31页，115页）

10人中，除大平以外的9人都毕业于东京帝国大学。大平看似有些孤立，但其实未必如此。

> 从东大毕业的他们更加宽容，不拘泥小事。所以母校情缘也不那么深。（中略）
>
> 如果我进了东大未必就有今天。所以我很感谢一桥。一桥让我有很强的归属感。东大的人似乎没有这种情结。（《著作集》六，313页）

可见，大平比他们有更强的母校意识。

1937年4月15日，大平与铃木志华子结婚，是在上田辰之助教授夫妇介绍下相亲结婚的。第二年2月，长子大平正树出生，后来又有了次子大平裕、长女大平芳子、三子大平明。大平还在《日本经济新闻》刊载过关于妻子的一篇文章——《我的麦当娜》：

> 非常感谢妻子一直以来对我和孩子们的无私奉献。（中略）
>
> 妻子总是关心我的健康问题。包括一日三餐、运动、休息、睡眠，无微不至。身体健康自然不用说，她对我的精神健康也十分敏感。真是个完美的女人。（《著作集》五，485—486页）

大平称其婚姻为"很普通的相亲结婚"，其实志华子是三木集团的创始人铃木三树之助的二女儿。（《著作集》一，32页，海野，1991、136页）

"椭圆哲学"

1937年7月7日，卢沟桥事变发生，而这一天也正是大平任横滨税务署长的第一天，那年他27岁。当时的横滨还没有走出关东大地震

的阴影,纳税能力也很弱。(《著作集》一,32 页,二,194、235 页,三,291 页)

大平在横滨最大的收获,就是得到了池田勇人的赏识。池田当时任大藏省东京税务监督局直税部长,是税务署长的总管,也就是大平的直属上司。池田来横滨视察的过程中两人熟络了起来。池田工作热情高,也十分喜欢喝酒。每到横滨,他就会叫上大平说:"我们一起去哪里喝一杯吧?"后来,大平成了池田大藏大臣的秘书,在自由民主党中还成了池田派的继承人。(《著作集》六,241 页,公文等,1990,78 页)

大平在 1938 年 1 月 1 日的新年拜贺仪式中第一次公开声明自己的政治方略。他向下属们训诫道:

> 行政就和椭圆一样,有两个圆心,两个圆心保持均衡而又紧张的状态时,这个行政才算是成功的。比如说,支那事变(指"七七事变"——译者注)时的管制经济,一个圆心是管制,另一个圆心是自由。管制和自由处于紧张而又均衡的状态时,管制经济才能成功,两个圆心不能偏向任何一方。税务工作也一样,一个圆心是课税人,另一个则是纳税人。课税时不能以权力压制,也不能轻易妥协。只有不偏袒任何一方,保持公正的立场,才是正确的课税方法。(《著作集》一,119 页)

世间万物正如椭圆,有两个圆心,重要的是不偏袒,保持中正的态度。不能盲目运用权力,也不能过分迎合国民。这番话象征着大平对均衡和中庸之道的重视,随后被称作"椭圆哲学"。(《著作集》三,291 页,公文等,1994,58 页,香山,1994,16 页)

上文中提到,长子大平正树于 2 月 6 日出生。他的命名书至今还保存在香川县观音寺市的大平正芳纪念馆中。

鹤寿龟龄

命名 大平正树

昭和13年2月6日生

鹤寿龟龄一词中，包含着希望长命百岁的愿望[1]。

然而，正树却是个身体羸弱、离不开医生的孩子。当时大平住在横滨市矶子区的公寓，经常抱着正树，和志华子一起在海边散步。不久后大平成为仙台国税局关税部长，同年携妻儿到仙台赴任。（《著作集》二，194页）

在兴亚院的三年

1939年5月，大藏次官大野龙太要求大平前往东京。他将大平带到一家小酒馆，说服他调任到兴亚院，去中国河北省西北部的张家口工作。兴亚院是中日战争中负责占领地政策的中央机构，在北平、上海、张家口、厦门都有分支机构。

大野说服大平道："张家口冬暖夏凉，还算宜居。你过去以后，就相当于内蒙的大藏大臣，想干什么就干什么。"大平也觉得"年轻人应多见识见识"，也没跟家人商量，就决定作为蒙疆联络部经济课主任前往张家口。

到了之后大平才发现，当时的张家口还是个蛇蝎出没的荒凉地区，"和之前听说的大相径庭"。"一言以蔽之，张家口就是一座土城。环顾四周很少有树，都是黄土的颜色，非常荒凉。"

张家口深受关东军的影响。9月，蒙古联合自治政府成立，德王任主席，但政府权力由日本军人掌控。"当地的日本人和日本军人敌视我们这些政府官员，把我们当作外人。"

大平当时负责对华投资计划和物资动员。内蒙农业发达、盛产小麦,将大量农作物输出到华北地区。然而日本政府却认为内蒙最富饶的是铁矿、煤炭和畜牧业。大平在报纸上刊登了题为《揭开蒙疆经济的面纱》的论文,还参与了内蒙的户籍调查。

大平也经常前往北平的事务所,和农林省派往上海的伊东正义、递信省的大来佐武郎、商工省的佐佐木义武等人会面。年轻的官僚们就如何经营好大陆相关事物侃侃而谈。大平和与自己同时期参加工作的伊东尤其情投意合。

大平善于认真听取他人意见,虽然话不多,但不知不觉就会掌控谈话的局面。有时也会大胆批评日军自以为是的做法。他虽然没有领导气质,但具有吸引人的魅力。后来大平对伊东说:"被人理解并认可,是人生最大的意义。"(伊东,1994,259—261页)

大平于1940年10月下旬回国,被分配到了兴亚院本部的经济部第二课,主要工作是监督两个投融资公司,即北支那开发株式会社和中支那振兴株式会社。

兴亚院可以说是一个大杂烩。大平将各省厅的其他8位年轻官僚召集到一起,经常和他们进行交流。这8人为:伊东、佐佐木、大藏省的大槻义公、宫川新一郎、若槻克彦、商工省的村田恒、鹿子木升、还有铁道省的矶崎睿。大平将他们的聚会称为"九贤会"。有时候大藏省的爱知揆一也会加入其中。

后来,大平内阁成立后,伊东、佐佐木和大来分别作为官房长官、通商产业大臣和外务大臣进入内阁。他们的盟友关系从兴亚院时期就已经建立起来了。(《著作集》一,37—39,130—133页,公文等,1990,89—92页)

大平在兴亚院工作的三年里在各省厅建立了广泛人脉,成为中国通。大平认为,日本的未来不可能存在于"土城"张家口。他对日中战争时期日本的对华政策持批判态度，认为"日本的未来在太平洋"。在中国的这段经历给了大平环太平洋连带构想的灵感。（长富，1994，326—327页）

2 战败与复兴——大藏大臣秘书

"永恒的当今"

田边元的《历史的现实》（岩波书店，1940年）给大平带来了深远的影响。田边是一名哲学家，在京都帝国大学当教授，这本书记录了他在京都帝国大学的日本文化讲座中发表的演讲。日中战争进行了三年，当时已陷入泥潭状态。

> 这本书让我深受启发，对我之后的人生产生了很大的影响。首先，"当今"对我们来说就是众多选项中的唯一选择，不可替代，值得珍惜。因此我们必须珍惜当下，认真对待每一项事物。（《著作集》三，99—100、256—257页）

大平提出了"永恒的当今"这一看法：

> 田边元博士认为，"当今"并非位于从过去到未来这样直线行进的时间轴上，而是存在于来自过去的引力和来自未来的引力这两个反作用力作用的平衡点上。因此，"当今"乃永恒，时间乃"永恒的现在"。
>
> 我们的人生由无数个"永恒的当今"构成，我们要时刻感激这个"当今"。并且需要知道，这些"当今"都是由我们的一次次决心构成，就是我们的人生，独一无二，十分珍贵，不可重复也无可替代。怎么可以留下遗憾呢？（《著作集》二，278—279页）

"永恒的当今"代表着大平珍惜当下的思想,与"椭圆的哲学"一同成为大平思想的两大支柱。

太平洋战争

太平洋战争爆发时,大平已回到横滨的家,在兴亚院总部上班。开战后不久,长女芳子出生。(公文等,1999,92页)

1942年7月30日,大平回到了大藏省,在主计局担任文部省和南洋厅的预算主查。"我国当时在东条内阁领导下,逐步形成举国备战体制。文化教育和行政领域也受其影响,或者说是在其推动下,提出了振兴科学技术、省级示范学校、推进英才教育、开发东方文化等目标。"

大平还参与了大日本育英会的设立工作,并对此"呕心沥血"。(《著作集》一,39—41、133—138页)

就在这段时期,池田向大平提出了邀请:"我要当东京财务局局长了,跟我一起来吧。"池田是主税务局长最有希望的候选人,正跃跃欲试。大平接受了邀请,于1943年11月5日成为东京财务局关税部长。

战争渐趋长期化,过度劳顿和节俭的生活使人们身心疲惫。酒开始受到政府管制,人们少了泄愤发牢骚的机会。于是大平在东京都内开了大约300家大众酒馆,为人们提供啤酒和日本清酒。"这个小小的改变,在阴霾笼罩的战争时期博得了意想不到的好评,从1944年到战争结束,一年多没沾酒的东京市民的饥渴多少得到了一些缓解。"(《著作集》一,42—43、141—145页,四,206—207页)

大平成为首相后曾任其秘书的佐藤嘉恭也说道:"从大平在大藏省工作时开办的'大众酒馆'这一举措中,也可以窥见他关心弱者的政治思想。"(佐藤嘉,2000,490页)

进入1945年后,战争每况愈下,胜利无望。大手町的东京财务局也在2月23日的空袭中被彻底烧毁。大平扑灭了保管重要文件的地下室的大火,受到了池田局长的表彰。(《著作集》一,43—44、145—148页)

在5月份的空袭时,大平带着孩子们躲进了防空洞。一天晚上,长子正树不顾大平制止跑出了防空洞。东京的天空枪林弹雨,炸弹染红了深夜的天空。7岁的正树还什么都不懂,拍手称快道:"爸爸,快出来看啊,好漂亮。"正树当时天真而令人心疼的笑容,在大平心中成为挥之不去的记忆。(《著作集》二,195页)

三度担任大藏大臣秘书

1945年3月1日,大平担任大藏大臣津岛寿一的秘书。与他同时担任秘书的还有黑金泰美,黑金后来也成为池田派的众议院议员。4月7日,铃木贯太郎内阁成立,津岛辞去了大藏大臣的职务。大平也在4月18日被免职,调到主计局工作,但和津岛的交情并没有因此结束。

5月25日晚,大平和上司一同到津岛家做客。没多久B29轰炸机编队从南边袭来,丢下无数的燃烧弹。"从远处看,那景象如烟火般美丽。然而编队接踵而至,丢下了成千上万的燃烧弹,并开始接近东京的中心城区。"

大平带着津岛夫人、女佣人们逃了出来,没多久,燃烧弹便落在了津岛家,将其全部烧毁。大平赶忙回到自己家,但自己的家已经荡然无存。无奈,大平搬到了世田谷区乌山的出租房,从那里去疏散到世田谷区樱上水的主计局工作。

战争突然就结束了。8月15日,大平和主计局长中村建城等人一道,在樱上水的小学听了"玉音放送"。"中村局长一直在流泪,但我内心完全没有那样的波澜。反倒感觉舒坦、踏实,有种'终于结束了'的安心感。"(《著作集》一,44—46页,二,195页,公文等,1990,

100—102页）

战争结束后，大平再度担任大藏大臣秘书，在东久迩宫稔彦内阁再次出任津岛大藏大臣的秘书。他回忆道："其实我并不适合当秘书"，而津岛却对大平寄予厚望。后来，大平与负责大藏大臣秘书事务的宫泽喜一经常共事。

大平和宫泽一起为大藏大臣官邸选址，在麻布的狸穴租了旧满洲铁道系统的房子。废墟的前方可以望见芝浦的大海。大平经常为战后复兴而苦恼，他向宫泽说道："宫泽啊，你看日本现在什么都没有了。日本人民该如何生存下去？有很多人从国外回来。我们即将面对的可能是引起数百万人死亡的饥荒。日本现在一切都停止了，但只有铁路还在动。你说能不能以此为担保向美国借钱呢？"

10月，政权再次更替，币原喜重郎内阁成立，大平又回到了主计局。他深深感谢给予食物援助的美国。大平后来提到："我们一直和外国打交道，但是觉得最可以信赖的还是美国。不管怎么样你跟美国还是可以讲道理的。"（外务省情报文化局，1973，14页）

1946年5月，第一次吉田内阁成立，大平在新设立的给与局（薪金局——译者注）担任第三课长。他在石桥湛山首相手下负责制订预算，并书写了《出售官营企业》、《财政危机应对方案纲要》、《战后财政重建备忘录》等政策建议。

在《财政危机应对方案纲要》中，大平主张以"国家本身的商人化"代替"政府管制"，即减少政府对经济过多的干预，充分利用民间力量，以贸易立国重振日本。（《著作集》一，160—161、362—377、405—406页）

这段时期，大平在文京区驹込林区和岳父铃木三树之助一起生活。9月9日，三子大平明出生。（公文等，1990，108页）

当时，农林省肥料课长伊东正义夫妇也借住在大平家。伊东在战争中失去了家产。大平常对挚友伊东振振有词道:"就因为政府过多干预,肥料和食物的产量才一直上不去。交给市场就好了。"大平主张"小政府主义",他很相信民间的智慧与活力。

大藏次官池田勇人有时也会来到大平家。大平不胜酒力,但他们经常举杯畅饮。(伊东,1994,261页)

1948年7月10日,大平出任经济安定本部建设局公共事业课长。经济安定本部是在GHQ的指导下新设立的部门,负责经济政策,权力较大,被称为"令人畏惧的安本(经济安定本部的略称——译者注)"。

大平负责公共事业的计划和监督,努力实现战后复兴。然而,掌握实权的占领军对港湾建设和城市规划不屑一顾。大平在占领军的压力下,与他们耐心交涉。这段经历培养了大平的外交手腕。(《著作集》一,50—51、152—159、378—382页,公文等,1990,121—124页,真锅,2000,355页)

1946年6月1日,大平在第三次吉田内阁中成为池田大藏大臣的秘书。这一年,池田首次当选众议院议员,并被提拔为大藏大臣。他对大平说:"我当了大臣,你当然就是我的秘书。什么都不用做,就在我隔壁房间坐着就好了。"另外两名秘书是黑金和宫泽。

池田不擅长英语,因此每次与GHQ的交涉都会带上宫泽。宫泽经常跟着池田到处跑,而大平更多的是室内业务。宫泽聪明又机灵,而大平看起来非常平庸。但池田却高度评价大平。"不知为何,从我还是税务署长的时候,池田就一直非常照顾我。"

日后,大藏大臣池田和秘书大平的关系"发展成为一种命运的缘分"。大平开始着眼于参加众议院选举。在池田手下担任秘书的三年时光,"是我进入政界的契机,也加深了池田和我的兄弟情分"。(《著作集》一,52—56、176—180、292—293、297—302页,六,240—241页,伊藤,1966,10—11页)

第二章 迈入政界
——至池田内阁官房长官

1 众议院议员

出差美国

当了 3 年秘书之后,大平在 1951 年(昭和 26 年)夏天决定进入政界。这时大藏大臣池田派他去美国出差,池田说:"(9 月在旧金山——引者注)有讲和会议,机会难得你就去看看吧。"

8 月 13 日,大平从羽田机场飞往旧金山。出差的目的是调查科学技术政策,同行的还有众议院议员前田正男、参议院议员高濑莊太郎等人。他们一行人主要住在华盛顿,考察了巴尔的摩、费城、纽约、蒙哥马利等地区。

第一次访问美国,给大平留下了深刻的印象。他在《四国新闻》中分 17 次连载了游记《美国之行》,记录了美国的丰富性和多样性。他充满善意地写下了美国人的生活、街景、火车、基督教信仰、人种、美国人的气质、联邦政府预算、围绕旧金山讲和条约的报刊舆论、大量的汽车、尊重女性、各种各样的大学等。

10 月 16 日,他写到了美国的"建设能力"。

无论国土多么富饶,在短短 200 年内,积累如此多的财富并增强国力，怎么看都是非凡的成就。如将其称为建设能力，那么美国的建设能力非同一般。

虽然大平经历了美国的占领统治，但这次在美国的体验却增强了他对美国的好感。日后，他就"美国的巨大经济援助"作了如下论述：

> 战后日本经济的复兴，最关键的是日本人民的能力和勤劳，但也离不开美国巨大的经济援助。若当时没有美国的经济援助，事情不会如此顺利。美国将食品、原材料、燃料、服装、药品等物品全部援助给了日本。

10月21日回国后，池田对他说："不用担心大藏省的工作，赶紧回家乡，让父老乡亲认识你。众议院随时都有可能解散。"池田非常支持他进入政界。大平作为自由党候选人参选，于1952年10月1日第一次当选，排名第二。（《著作集》一，57—60、189—193，233—291页）

吉田茂和田中角荣

大平为何选择进入政界呢？秘书问他："您为什么要在42岁本命年（日本的本命年和中国不同，男性25、42、61岁为本命年，女性19、33、37岁为本命年——译者注）这一年，在不知道能不能成功当选的情况下选择进入政界呢？"大平回答说："想为这个世界做点事。"

> 40岁时我想，要是能活到60的话还剩20年，与其一直安逸地做个公务员，不如用自己的力量为这个国家、这个世界做点事。想到这儿，我便坚定了进入政界的决心。（真锅，1976，236页）

大平称国会议员的工作有如下特征："最花钱的工作"、"最费神的

工作"、"最关注其他人评价的工作"。(《著作集》一,197—203页)

大平任农林常务委员,在自由党内属于吉田派。大平如此评价吉田:"我认为他是非常优秀的领导人,甚至可以说是"二战"后最好的首相。"制订旧金山讲和条约时所发挥的领导才能,喜欢读书话题丰富,讲信用重人情,吉田这些优点都是大平所仰慕的。(《著作集》六,315—318、428页)

大平非常仰慕吉田,但同时也和池田很亲近。在任横滨税务署长时期、秘书时期的交情使得大平非常了解池田。

> 我觉得他(池田——引者注)挺平凡的。换句话说,并不觉得他是伟人。他有很多缺点。不过有一点我非常佩服他,就是他会从具体事项出发,就事论事。他不会抽象地讲空话,会具体问题具体分析。充分体现了他的真诚和热情。(《著作集》六,373页)

大平的盟友是田中角荣,可以说他们的性格完全相反。大平对田中的评价是"像丰臣秀吉":

> 他(田中——引者注)相对来说性格积极向上,事事都往好处想。如果他开始提紧缩、节约,就很奇怪,这不符合他的个性(笑)。大概是性格比较像丰臣秀吉吧。
>
> 我就不一样了。相对来说更像德川家康……不过可能没那么灵光,性格也不太一样。(《著作集》四,214—215页)

正是因为性格不同,两人才互相吸引。大平认为田中"能力强,感觉敏锐,很有魅力。他有很多我所没有的能力,我们大概是比较互补"(《著作集》六,105页)。

每到选举时期，田中都会到香川二区，为大平演讲助威。大平经常说："与其挣钱不如交朋友。朋友才是最好的资产。"田中是大平在政界最好的朋友。（真锅，1976，119页）

长子大平正树考入成城学院高中，身体也逐渐强壮。这段时期的大平无论在工作上还是个人生活上都非常充实。（《著作集》二，195—196页）

保守政党合并

1954年12月，吉田政权下台，鸠山一郎内阁成立。次年11月，自由党和民主党合并，成立了自由民主党。大平就是在这个过程中拉近了民主党三木武吉和池田的关系。（《著作集》一，62—65、223—227、303—310页）

那么，大平是如何看待当时的日本外交呢？最关键的是日美关系。1955年8月，重光葵外务大臣访问美国，与国务卿杜勒斯发表了联合声明，内容为：如果日本加强防卫能力，为西太平洋的和平与安全做出贡献。就将日美安保条约改为具有双边义务的条约。

10月，大平在杂志《经济时代》上刊登了题为《日美会谈的影响与对苏谈判》的论文。大平主张应该优先恢复经济，对于海外派兵、加强军备持谨慎态度。他认为日美安保条约的双边化"时机未到"。"重光外务大臣访美是为了日美安保条约的双边化，但我认为这对日苏邦交正常化具有不利影响。"

大平继承了吉田的诸多思想，包括经济优先、轻武装、不过早修宪法等。这就是保守本流的思想。（《著作集》一，389—394、406页，二，214—217页）

12月，大平开始担任自民党政务委员会内阁部会长。内阁部会是执政党处理总理府管辖问题的机构。大平在这里负责"二战"归国者的在外财产赔偿，提高军人抚恤金等问题。在外财产赔偿是指针对"二战"归国人员海外遗留财产的赔偿。大平在处理这些问题的过程中提升了自己政策执行方面的能力。（公文等，1990，61—163页）

1957年4月，池田组建了新的派系"宏池会"。池田派中有小坂善太郎、前尾繁三郎等要人，还有大平、铃木善幸、黑金泰美、宫泽喜一等人。第二年，大平担任党政务调查委员会副会长、党临时税制调查会专门委员、林业对策小委员会副委员长、烟草事业对策专门委员会委员长等职务，逐渐在党内站稳了脚跟。

1959年6月，池田在第二次岸信介内阁改造时，作为通商产业大臣加入内阁，铺平了通往总理、自民党总裁的道路。大平任文教委员长，为解决长期缺课儿童的教育问题设立了援助会。（公文等，1990，165—174页）

岸内阁时期日美安保条约的修改成为最大的争论点。国会周围游行不断，大平感觉到了国民对保守政治的"反感与不满"。

> 日本国民终于从长期的战争状态和战败所带来的物质匮乏中站了起来，但精神上仍然空虚不满足。因而对占领政治和继承占领政治思想的保守政治怀有抵触感和怠倦感，从而产生了反感与不满。左翼势力当然不会放过这个机会。

大平看出了国民的"某种反感与不满"，并认为左翼势力想要利用这些打倒自民党政权。（《著作集》二，12—13页）

大平对于岸信介持批评态度，认为他"缺乏忧国忧民的情怀和领导人应有的见识"。

> 我认为，片面地否定条约的单边性和不平等性，目光过于

短浅。如果日本没有强大的综合国力，就应该忍到国力强大后。（中略）

岸首相正在尽全力修改安保条约，但他在国会上的发言太过被动，缺乏可以说服对方的魄力。我认为岸首相缺乏忧国忧民的情怀和领导人应有的见识[1]。

这段时期，长子大平正树考入庆应大学法学部。他对大平说"我想学合气道"。当然，他在学业方面也非常用心，在内山正熊教授的指导下学习国际政治史。课余时间，他还会去盲人学校给孩子们念书，心地非常善良。大平说："他非常重视人与人的关系，而且非常热心。甚至比妻子还关心我的健康。"

大学毕业后，正树进入神崎制纸株式会社，即日后的王子纸业公司。大平回忆道："神崎制纸公司的加藤藤太郎是我非常尊敬的前辈，也是该公司董事长，我计划先让他在前辈手下摸爬滚打三四年，再把他接过来继承我的事业。"当时，所有人都认为正树将继承大平的事业。（《著作集》二，196—197页）

2 "宽容与忍耐"——官房长官

年过半百首次入阁

1960年6月，岸信介表示即将辞去首相职务，池田成为自民党总裁的有力候选人。大平向田中咨询总裁选举事宜，田中也耐心解答。田中交给他的笔记中"还特意用红字标出了重点"。池田击败石井光次郎、藤山爱一郎等对手顺利当选。

池田胜利当天，大平就和他一起酝酿了政权构想。

大平问道："您从广岛来东京时想象过能有今天的成就吗？"

池田答道："完全没有。"

"那么，总裁这个位置对您来说完全就是一个意外的收获，何时离开都不会后悔吧？"

"是的。"

"组阁后马上倒台也不后悔的话，请您不要标榜长久而稳定的政权。还有，今后需要您和国民同甘共苦，所以请尽量回避有艺妓伺候的宴席，不去打高尔夫球。"

池田内阁的政策宗旨是"宽容与忍耐"，大平就任官房长官。这是50岁的大平第一次进入内阁。"宽容与忍耐"是大平的想法，还成为当年的流行语。他让池田中午吃咖喱饭，以显示其亲民姿态。

池田上任前经常会失言说"穷人吃粗粮就好"这样的话，因此人们为他的改变所惊叹。（《著作集》一，67—71页，四，207—210页，小坂，1981，139页，岛，1994，512—513页，木村贡，2000，513—514页，2006、54页，宫泽，2000，30页）

官房长官的工作涉及整个内阁。官房长官是内阁的发言人，每天上下午各有一次记者发布会。起初大平非常不习惯，经常口齿不清，记者们屡屡要求他"请说清楚点"。

但他逐渐适应了官房长官的工作，定期与各省负责人联系，工作认真负责。即使在池田休息的时候大平每天也工作到很晚，而且每天早上一定会读报。记者招待会中也能恰到好处地应对记者，受到了高度评价。（真锅，1976，71—76页，石川，2009，3—4页）

9月5日，自民党发表了"自由民主党新政策"，里面就有池田内阁的标志性政策，即收入倍增计划。外交方面避免采取中立主义，提出了"自由世界的一员"方针。"自由民主党新政策"是在大平的组织下，和智囊团下村治、田村敏雄等人一起制订的。（《著作集》二，280—288页，自由民主党政务调查会，1960，10、18、31、229页，吉次，2009，

15—20页）

池田和大平领导自民党在11月20日的众议院选举中获得胜利。大平在该选举中作为官房长官需要参加NHK的电视讨论会，非常繁忙，几乎没有时间回到自己的选区。长子正树代替他作了辩论演讲。那时正树年仅22岁，刚进入神崎制纸公司，但很受人们欢迎，说他"长得很像他爸爸"。大平以第一名的成绩赢得选举，第五次当选众议院议员。（小国，2000，497页）

1961年1月28日，池田内阁的通常国会开始了。准备施政方针演讲也是大平的工作。池田在施政方针演讲中，诉说日本经济的繁荣源自和自由国家群的和谐，极力主张中立主义完全是一种幻想。（公文等，1990，190—193页）

大平评价首相池田："池田本来就不是特别聪明的人，也不是富有智慧的谋略家，而且还不和蔼可亲。但他勤奋好学，而且能够坚持自己的信念。"（《著作集》二、32—33页）

此评论看似刻薄，其实不然。大平认为人就是不完美的。"人必有优点，也必有缺点。时而诚实，时而狡猾。如此复杂的人类互相碰撞组成社会，社会才能如此丰富多彩。"大平的"六十分主义"体现了他的包容心，吸引了很多人。（佐藤诚，1994、248—252页，加藤，1994，268—269页）

日美贸易经济联合委员会

1961年11月2日至4日，第一次日美贸易经济联合委员会会议在箱根召开。

出席会议的有官房长官大平、外务大臣小坂善太郎、通商产业大臣佐藤荣作、农林水产大臣河野一郎、大藏大臣水田三喜男、经济企划厅长官藤山爱一郎、劳动大臣福永健司，美方有国务卿腊斯克、内政部长尤德尔、农业部长弗里曼、商务部长霍奇斯、劳工部长高德博格、财政部副部长福勒、经济咨询委员会委员长赫勒。

政要齐聚一堂的联合委员会,在日美关系史上是史无前例的,这体现了肯尼迪政权对日本的重视。池田内阁为了实现收入倍增计划,想要扩大对美出口,改善对美贸易逆差。(樋渡,1990,215—222页,菊池,2000a,94—96页,铃木宏,2013,95—118页,高桥,2011,81页)[2]

大平将此次会议评价为"加强日美友好关系的会议"。

> 联合委员会并不是磋商和决策具体问题的地方,而是通过双方自由交换意见加强友好关系,使两国经济关系更加紧密。(中略)日美两国的政治家在这两三天的时间内一同着眼于两国的经济问题和两国共同关心的问题,这件事本身就是日美外交史上的重大事件。这将对两国乃至世界各国人民产生不小的影响。(《著作集》,二,76—77页)

大平第一次参加的国际会议就是日美联合委员会,这也可以看出他对日美基轴的重视。

1962年春天,大平从神崎制纸把正树接了过来,为的是培养自己的继承人。妻子志华子想让正树去西德留学,但大平没有同意。"我并不喜欢所谓的留学。去留学不仅是为了学习外国,更是为了更加了解自己的国家。"

7月,正树出发去环游世界,9月在纽约和大平汇合,和他一起访问了欧洲。这时大平已就任外务大臣。大平外交正在启动。(《著作集》,二,198—199页)

第三章　大平外交的开始
——池田内阁外务大臣

1　开启日韩关系的新局面——大平·金备忘录

"池田首相的前奏"——访问欧美各国

官房长官大平每周接受外务次官武内龙次关于国际问题的讲习。1962年（昭和37年）7月18日，池田进行内阁改组时，大平自己提出就任外务大臣。"二战"前有过在中国大陆的经历和占领时期的游美经历的大平深感外交的重要性。（森田，2010，51—54页）

田中角荣成为大藏大臣，黑金泰美和宫泽喜一分别作为官房长官和经济企划厅长官进入内阁。通商产业大臣佐藤荣作、科学技术厅长官三木武夫、经济企划厅长官藤山爱一郎等实力派离开了内阁，取而代之的是曾和大平一同担任大藏大臣池田秘书的黑金和宫泽。世人嘲笑他们是"秘书内阁"。

大平在就任后第一次记者见面会上谦虚地说："外交方面我是外行，还请各位多多关照。"这一年大平秋天访问欧美，这是他作为外务大臣的第一步。

1962年9月11日，大平在纽约联合国大会上发表演讲，呼吁加强联合国的作用，消除殖民主义和种族歧视，停止核实验，实行裁军和援助不发达国家。虽然有评价称大平的演讲过于八面玲珑，但可以看出大平想要融入联合国大家庭的良苦用心，堪称大平绚丽夺目外交生涯的开始。在该大会期间大平还与代理秘书长吴丹进行了会谈。[1]

9月24日，大平和美国国务卿腊斯克在纽约进行会谈，就美苏裁军、古巴形势、冲绳问题、日韩关系等议题展开磋商。[2]此后大平还访问了英国[3]、法国[4]、OECD本部[5]、西德[6]、意大利[7]、梵蒂冈[8]、比利时[9]、EEC本部[10]、荷兰[11]等地，与法国总统戴高乐及其他各国首脑进行会谈，要求扩大贸易、加盟OECD、撤销GATT第35条的限制。GATT（关税与贸易总协定）第35条，规定对特定国家无需适用该协定，属于不平等待遇，违反了自由贸易的原则。

大平的磋商为后来的池田访美做好了铺垫。大平对西德外交部长施罗德说过："我此次访问是11月池田首相访德的前奏，正如耶稣和约翰的关系。我相信池田首相的访问能带来很大的成果。"[12]

11月，池田访问欧洲时，得到了各国对撤销GATT第35条规定和日本加盟OECD的支持，这很大程度上源自大平的"铺垫"。（高濑，2008，276—279页，铃木宏，136—150、180—189页）

此次访问中，大平在纽约和正树汇合，一起访问了欧洲。正树不仅长得像大平，性格也很像他。甚至比大平还认真细心，"换洗衣服全都是他帮我准备的。正树外语水平一般，英语法语都不太好，但性格很大胆，不仅解决了日常所需，还经常和各国外交部长及其他政府要人谈笑风生"。两人在阿姆斯特丹机场分手。

1962年秋天访问欧美日程

9月21日　在联合国第17次总会正式会议中发表演讲。与代理秘书长吴丹等人会谈。

　　　24日　与美国国务卿腊斯克就冲绳、进口限制、EEC应对方式等问题展开会谈。

25日	在伦敦与国务大臣格林就日英通商条约的签订展开磋商。
26日	与掌玺大臣希斯会谈。
27日	在巴黎与总统戴高乐、财政大臣季思卡·德斯坦会谈。明确提出日本希望撤销GATT第35条,加入正常的GATT关系。
28日	在巴黎与OECD事务局长克里斯滕森会谈。与法国外交部长库布德米尔比尔协商阶段性贸易自由化。
29日	在波恩与外交部长施罗德会谈。提出希望与EEC各国扩大贸易,加入OECD。
10月1日	在罗马与总统塞伊尼、商务部长哥伦布、外交部长代理卢索会谈,要求扩大日意贸易。
2日	在梵蒂冈会见约翰23世。
3日	在布鲁塞尔与外交部副部长菲亚特、首相鲁菲布尔会谈。
4日	与比利时贸易部长布拉苏尔会谈,在EEC本部与赫尔施泰因委员长会谈
5日	在海牙与荷兰外交部长伦氏会谈。参观国际法院。
11月30日	前往美国出席第2届日美贸易经济联合委员会。
12月8日	回国。

出处:《大平外务大臣访欧时的会谈概要》(《大平外务大臣访问欧美相关资料(1962·9)会谈资料》A'.1.5.0.8—1,外务省外交史料馆馆藏)。《著作集》七,377—378页等。

正树一个人继续在欧洲游访,在维也纳时突然步行困难。这是贝赛特氏症的初期症状。贝赛特氏症主要引起视觉障碍、皮肤糜烂等症状,治疗非常困难,最终会经常失眠。"夺去正树生命的病魔这时已经潜伏在他的身体。"但正树坚持去了非洲、中近东和东南亚,于圣诞节前夕回国。(《著作集》二,198—199页,法眼,1981,274页)

日韩关系和美国

大平取得的第一个成果是改善日韩关系。当时日本和韩国还没有建立外交关系。韩国从李承晚总统时期就在海上设立了分界线,扣留追捕越界的日本渔船。大平回顾"李承晚线"时总是表情苦涩。

> 韩国在公海上设定了"李承晚线"这一军事分界线,不断扣留越界的渔船和船员。我每天上班几乎都会接到扣留的报告,每天都要马上向韩国相关部门提出抗议,要求妥善处理。(《著作集》一,76页)

此前也有过数次日韩交涉,但双方在韩国所主张的对日索赔权等问题上并没有达成一致。朴正熙掌权后,他的心腹、中央情报部部长金钟泌被派往日本。大平在担任官房长官时就见过金钟泌。韩国经济情况非常严峻,金钟泌希望能够得到日本的援助。(今野,1994,530页,池田慎,2011,160—161页)

就任外务大臣后,大平想要通过经济援助在日韩关系正常化的道路上取得进展。

> 索赔权这个问题看似是个权利和义务的关系,但如果在这个层次上思考,根本得不到解决。最真诚而又实际的方式是,日本作为旧宗主国和具有密切关系的邻邦,以表达"祝福"的方式向韩国伸出援手。在这个思路下,我提出通过3亿美元的无偿援助及2亿美元的有偿援助为核心给予经济援助的想法,以此来解决索赔权问

题，最终打开了建立邦交的大门。(《著作集》一，76—77页)

"打开建立邦交的大门"时，美国发挥了很大的作用。上文中提到，1962年9月24日，大平和国务卿腊斯克在纽约进行会谈，其主要议题就是冲绳问题和日韩会谈。

大平对腊斯克说："我最重视的自然是日美关系，并想要进一步加强两国间的友好关系，所以希望能得到贵国作为朋友的协助和建议。此外，日本和第三国的关系也会影响日美关系，因此在这方面也希望能够得到贵国的帮助。"

大平说："从长远角度考虑，还是希望能够恢复日韩邦交。"腊斯克回答道："这是我个人想法而和韩国无关，但要是能得到3亿美元（的无偿援助——引者注），应该就能解决。"腊斯克提出了具体的方案来促进日韩关系的改善，而这也是大平所希望的。(李钟，2010，168、173、186—187页，2011，101—106页，浅野等，2011，312页)[13]

"两国是永远的邻邦"

结束与腊斯克的会谈回国后，大平为得到日韩关系正常化的支持，会见了大野伴睦等党内实力派人物。党内有亲韩派和慎重派，大野属于亲韩派。大平想要实现党内融合。(政策研究大学院大学C.O.E口述政策研究项目，2004a，176—177页)[14]

大平于1962年10月20日和11月12日与金钟泌会谈，最终双方达成共识：日方提供无偿经济援助3亿美元，长期低利息贷款2亿美元，民间贷款1亿美元以上。这就是大平·金备忘录的内容。(木谷，2011，121—123页，浅野等，2011，313—358页)

大平是如此说服金钟泌的："我正在为实现3亿美元这个目标而努力，但我们也需要考虑国民的感情和每年的支付额。"虽然美国提出的方案是 3 亿美元的无偿援助，但日本外务省提出的最终方案是 2.5 亿美元，所以大平的决定至关重要。大藏省对于巨额支出持批判态度，是大藏大臣田中角荣说服了他们。

关于竹岛问题，大平强调："日本已向国际法院提起诉讼，韩方需要应诉。"

金钟泌说："如果应诉，几年内就会作出明确的裁决，一方胜而另一方败。这样对于两国邦交正常化是不利的，所以希望第三国（韩方似乎希望是美国）出面调解。"（政策研究大学院大学 C.O.E 口述政策研究项目，2005，上卷、151—162、170、172、182 页，服部，2009a，202—203、227 页）[15]

为什么大平·金备忘录能在日韩邦交正常化的进程中发挥了如此重要的作用呢？大平向金钟泌说过"两国是永远的邻邦"。

> 日韩两国是永远的邻邦。因此，难道不应该让过去的一切烟消云散、共同展望未来吗？贵国独立来之不易，今后面临艰难的国家建设任务。日本作为贵国的永远之邻，准备提供相当数量的有偿和无偿的经济合作，以协助贵国走向更美好的未来。

大平认为日韩两国是"永远的邻邦"，互相不能搬家，子孙后代都是这样。与其反目成仇，不如通过帮助韩国的国家建设，共同展望未来。

在结束与金钟泌的会谈后，大平向记者谈到："日韩会谈已经渡过卢比孔河，已经成功一大半了。"虽说最终实现日韩邦交正常化是在下一任内阁佐藤荣作时期，但不得不说大平·金备忘录是一个重要的里程碑。（大平，1966，28 页，渡边昭，1994，100 页，国立国会图书馆主题情报部，2006，98 页，金斗，2008，151—168 页）

不过，大平本人并不那么喜欢韩国。对于发动政变确立独裁体制的朴正熙，他向周围的人流露过这样的看法："因为是军人出身也许只能那么做，但是也没必要做得那么强硬和过分。"

大平虽然和金钟泌达成了共识，但没有事先经过池田的同意。这是因为当时池田正在欧洲访问，大平只得到官房长官黑金的同意。池田回国后非常生气，说没有和他好好商量。（菊池，2000a，100—140页）

因此，大平·金备忘录导致了池田和大平关系的破裂。池田更重视与中国的关系，自己在欧期间大平解决了日韩关系从而打乱了他的计划。池田向秘书怒吼道："大平那家伙太不像话了！"

大平对亲近的记者说过："池田嫉妒我的才华。最高权力者总是对二号人物怀有戒心。"虽然大平曾经是池田的秘书，但他们当时已经成为政治敌手。（渡边恒，1999，120页，伊藤，2000、83—84页，田村重等，2000，238页，御厨等，2007，245—246页）[16]

拜访大矶

1962年11月底，大平再度访美，出席第二届日美贸易经济联合委员会。任外务大臣的经验让大平成熟不少。

虽说大平访问了许多国家，但他的外交基轴始终在美国。因为大平感谢美国在占领时期援助了食物极度匮乏的日本。

大平的日美基轴思想，是从吉田茂身上有意识地继承下来的。吉田当时隐居在大矶，大平一有机会就去拜访他。吉田也很挂念大平，还为他在香川做过助选演讲。

当上外务大臣后大平也频繁拜访吉田，每次从国外回来都不忘向吉田汇报。[17]给吉田带去水果时大平会说"不成敬意，还请笑纳"，吉田笑答："你给我现金我也不介意。"吉田也非常欢迎大平的"拜访"。

大平写道："我很喜欢听吉田开朗乐观、充满幽默的话语。到访吉

田家的内外要人络绎不绝，看来他隐退后还是有不小的政治影响力。"（《著作集》一，73页）

吉田曾与麦克阿瑟交锋，大平想学习他的手腕。这体现了大平的外交虽以日美合作为基轴，但仍重视势力均衡，是非常正统的外交手段。

大平的日美合作思想并不是一味地继承吉田的思想。大平经常使用"符合自己身份"的日美关系概念，想要在快速发展经济的日本建立符合本国国力的对美关系。第二届日美贸易经济联合委员会会议在华盛顿召开时，大平对记者说："和美国的大臣们谈论日美问题，整整占用两天时间。仅此，就有很大的成果。"

大平还定期与美国驻日大使赖肖尔会面。两人同年出生，关系甚好，经常单独见面。赖肖尔还是哈佛大学教授，他回想大平在自民党内是最亲美的，"寄予了他无限的信赖"。

在外务省内，大平重用外务审议官黄田多喜夫。黄田和池田是广岛的老乡。（真锅，1976，84页，赖肖尔，1990，17—18页，2003，92—94、99—101、103、108—109、118、125、129—131、138、142—143、145—146、151—152、154、165、169—170、182、187、205—206、217、290—291页，菊池，2000a，88—100页，帕克德，2009，313页）[18]

虽然一时疏远，大平和池田除了在首相官邸，还在新桥的旅馆"荣屋"会面。旅馆的老板娘管大平叫"父亲"。池田稳稳地坐在上座，同在酒席的还有财经界四天王樱田武、小林中、永野重熊。大平在财经界建立的关系，在他政治生涯中发挥了很大的作用。

对华政策方面，大平经常向众议院议员高碕达之助、村松谦三、古井喜实、全日空总经理冈崎嘉平太请教。（政策研究大学院大学 C.O.E 口述政策研究项目，2004a，157—161页）[19]

2 美元与核——"introduction"的苦恼

美元防卫的矛盾

如上所述,大平和大藏大臣田中等人一同前往华盛顿,参加了 1962 年 12 月 3 日到 5 日召开的第二届日美贸易经济联合委员会。(高桥、2011、81—85 页,吉田、2012、82—83 页)

当时日本对欧美贸易出现贸易逆差,于是大平对腊斯克说道:

> 美国通过美元防卫、购买美国产品政策,缩小了我国和其他亚洲国家扩大出口的可能性。而且美国市场进口限制运动盛行,要求我国很多产品自主限制,很难扩大出口(中略)。
>
> 希望美方能够理解我国经济的难处。[20]

当时美国的国际收支也陷入赤字,因此美方也要尽力制止美元外流。肯尼迪政权在 1963 年 7 月公布,向美国人的对外投资设置利息平衡税。这就是美元防卫政策。(田所,2001,101—109 页)

政策发布后,大平紧急访美,与肯尼迪、腊斯克、财政部长狄龙等进行了会谈。大平称:"交谈后,美方发表公报称,日本国际收支发生危机时,将采取特别措施,其中包括取消利息平衡税。事情暂时得到了解决。"(《著作集》一,77 页,二,82—85 页,三,314—315、348,四,418 页,樋渡,1990,241—243、247 页,菊池,2000a,97—98 页,政策研究大学院大学 C.O.E. 口述政策研究项目,2004a,166—167、178—180 页,吉次,2011,135 页)[21]

1964 年 1 月 27、28 日,第三届日美贸易经济联合委员会会议在东京召开,大平担任议长。大平就亚洲外交发表了如下讲话:"日韩建交越快越好","对中国大陆,现阶段采取政经分离的政策,即允许民间经济合作和文化人员交流,但政治上不建立任何关系"。

会议的议题还包括美国棉制品进口问题和倾销问题,大平连续三次参加日美贸易经济联合委员会会议,提高了他的影响力。(《著作集》二,76—79页)[22]

大平·赖肖尔会谈

比起美元防卫问题,围绕核武器的日美关系让大平更加烦恼。大平是与该问题关系最密切的政治家之一。(我部,2000,38页,春名,2003,311—323页,太田,2004,73—108页,2011,9—10、201—215、294—295页,菅,2005,39—40页,丰田,2009,82—83、118—119页,帕克德,2009,342、416页,石井修,2010,59—77页,折田,2011,508页,坂元,2012,42—43、63—65页,中岛琢,2012a,125页,2012b,82—85页)

岸信介内阁时期,外务大臣藤山爱一郎和美国驻日大使麦克阿瑟就日美安保条约的修改进行过会谈。美方根据藤山·麦克阿瑟密密讨论记录第二项,主张核舰艇停泊日本港口并不属于"introduction——引入"核武器,无需事先协商。藤山·麦克阿瑟秘密讨论记录也被称为"核密约"。然而,大平成为外务大臣时,并不了解这份秘密讨论记录。

当时,搭载核武器的美国核潜艇停泊日本港口成为人们热议的话题。1963年3月6日,大平在参议院预算委员会接受了来自野坂参三议员的提问,他回答道:只要美国没有事先协商,就不可能将核武器带到日本。

搭载核武器这个问题,如果有的话在装备上是一个很大的变更,美方必须事先向日方申请。美国没有这个打算,因此也没有向我们申请过。我们一贯坚持政府的方针,即坚决不同意引进核武器,美方也了解我方情况,所以他们也完全没有想要把核武器带到日本的意思。[23]

然而,大平这个回答与美国的理解并不一致。美方发现大平、池田等人并没有继承从岸信介内阁时期的秘密讨论记录,因此决定说服大平。4月4日,赖肖尔以早餐会的名义邀请大平到赤坂的大使官邸。

根据美方记录,赖肖尔称需要事先协商的"引入"指的是将带着核武器登陆。大平表示同意:"若是这样,那么舰艇在日本领海或港口搭载核武器,就不包括在'引入'的范围内了。"也就是说,美方认为大平在得知"核秘约"后,承认搭载核武器的美国舰艇的停泊不在事先协商的对象中。[24]

然而,根据日本外务省的记录,"大平没有发表任何见解"。"39年(昭和——引者注)9月24日,赖肖尔大使问大平前大臣有没有从佐藤总理和椎名大臣那里交接这个问题时,赖肖尔大使的印象中似乎并没有。"

的确,对于如此重大的问题,性格谨慎的大平不会采取如美方记录那样的鲜明立场。(波多野,2010,177—178页,伊奈,2011,25—26、33页,太田,2011,214—215页,2013,58—60页,北冈,2012,204—205页)[25]

当时任秘书的森田一称,大平在向池田汇报了秘密讨论记录的存在后,就开始思考"introduction——引入"一词的含义。"大平说,'introduction into Japan'感觉是把核武器带入日本境内并设置在什么地方。英语'introduction to Japan'似乎并不包含'搭载核武器的船停泊在港口'这个含义。我第一次听这个说法时就有这样的感觉。"池田并不通晓这个问题,大平也没有指望他。[26]

很难想象美国舰艇能在海上卸掉核武器后停泊,但也不能向国民说谎。"大平从根本上反对向国民隐瞒政治实情。他的信念就是国民的同意才是行政的基础。"

然而,日本官方很难同意搭载核武器的舰艇停泊。那么应该如何向国民解释?这段时间,大平经常不知不觉自言自语"introduction,introduction"。有关"核密约"的烦恼,一直到大平第二次担任外务大臣以及担任首相时都没有消除。(森田,2010,258—264页)

3 中国大陆和台湾

"软方法"

中国也是大平的烦恼之一。当时北京、台北的两个政府都主张自己的正统性,互不让步。

> 日本国内也存在应承认北京为中国政府的主张,但这代表着需要立刻与台北断交。对于日本来说,与台北断交不仅仅是方便或者好坏的问题。无论从外交还是从内政考虑,都是最为重要的问题之一。没有合理的理由也是无法轻易做决定的。(《著作集》二、86—87页)

北京政府取代台湾被认可为中国政府的日子能否到来,其中一个重要因素是中国在联合国的席位问题。当时在联合国是由台湾当局代表中国的,因此舆论认为在很长一段时间内无法承认中国政府。这就是"吉田体制的遗产",一直不承认中国大陆的代表权也是"非常不自然"的现象。(菊池,2000a,110页)[27]

池田内阁研究了与中国的民间贸易。当初池田比较积极,但后来大平也承认了对华贸易的必要性。"先不说别的,作为政府,民间贸易还

是需要改善的，那么就一步步推进"。(《著作集》二，94—95页，六，427页)

1962年10月12日，大平和其他外务省干部讨论了日中贸易问题。与此同时，众议院议员高碕达之助、全日空总经理冈崎嘉平太也在积极推进对华交涉，大平在10月25日会见了高碕和冈崎。[28]

在池田的推动下，11月9日，知日派廖承志和高碕在北京签署了贸易备忘录。这份备忘录取了廖承志和高碕姓名中的第一个字母，被称为LT贸易。周恩来总理曾这样评价LT贸易："形式上是民间的协议，但其实是半官方的。(中略)池田主张贸易和政治应该分开讨论，但我们认为贸易和政治是密不可分的。"(古海等，2004，81—82页，木村隆，2009，115—116页，长谷川，2012，111—113页)[29]

大平的中国观重视推进日中间贸易合作，反共意识薄弱，这一点和美国不同。虽然肯尼迪政权对中国的核武器开发持谨慎态度，但池田内阁并没有将其视为很严重的问题。(太田，2004，58—59页，丰田，2009，72页，吉次，2009，185—189页，2011，127—128、156页，井上，2010，201—202页，神田，2012，89—91、107—112页，吉田，2012，86、89页)

大平为出席第二届日美贸易经济联合委员会会议前往华盛顿时，12月4日与国务卿腊斯克进行了会谈。会谈中大平说道："我个人认为，美国根本就不用干涉中国共产党。美国要是兴风作浪，反而会提高中国的威信。"这个意见让腊斯克大吃一惊。

腊斯克反驳道："如果中国的共产主义者不干涉其他国家，那美国也不会干涉共产主义中国。不过如果中国继续给印度、东南亚施压，那么美国不能置之不理。"[30]

1963年8月上旬，大平再次前往美国，讨论国际收支问题。当年8月下旬到9月上旬，他访问了挪威、瑞典、丹麦、英国、法国、伊朗等国,就亚洲形势、中苏关系、贸易等问题进行了一系列会谈。他是第一位正式访问北欧的日本外务大臣。[31]

短期回国后,大平在9月中旬出席了联合国大会。他积极的外交活动象征着当时的日本想要迈入发达国家行列。(《著作集》一,77—78页,二,306页,真锅,1976,80—83页,公文等,1990,202—205页,政策研究大学院大学C.O.E.口述政策研究项目,2004a,175、180—182页)

访问欧洲时,大平表示中国的行动非常谨慎。他对挪威外交部长兰格如是说:

> 我方看来,北京政府的行动非常谨慎。这一点从中共和巴基斯坦、缅甸已达成边境协议——尽管和印度还未达成共识——以及对老挝和越南没有进行物质上的援助就可看出。当然,这不包括中国共产党的管理,但我认为中共政府本身还是会因为国内外的形势而做出冒险动作。

1963年8—9月访问欧美

8月25日　出发前往挪威、瑞典、丹麦、英国、法国、伊朗访问。

26日　在挪威被授予圣·沃来夫一等勋章。

28日　在挪威会见外交部长兰格。

29日　在瑞典会见首相艾兰德、外交部长尼尔松。

30日　在瑞典与通产大臣兰格会谈。

9月2日　在丹麦与首相克拉格、外交部长赫卡拉普会谈。

3日　在英国与外交部长霍姆会谈。

5日　在英国与商务部长埃罗尔会谈,发表日英联合声明。

6日　在法国,两度与外交部长库布德米尔比尔进行会谈,访问戴高乐总统，发表日法联合声明。

9日　在伊朗与阿拉姆首相会谈。

10日　回国。

15日　赴美作为日本代表参加联合国第18届总会。

20日　在联合国第18届总会中发表一般性辩论演讲。

22日　回国。

出处：外务省欧亚局西欧课"大平外务大臣访欧会谈录（昭和38年8月25日至9月10日）"，1963年10月。（"大平外务大臣欧洲访问，1963.8"第1卷，A'1.5.3.5,外务省外交史料馆收藏），《著作集》七，379页。

在与英国外交部长霍姆的会谈中，大平表示：美国的"遏制政策"似乎并不妥当，"日本人对中国的感情和美国人不同，有作为邻国的亲切感，也有对战争时犯下错误的罪恶感。但美国不然，所以日美之间的立场必然是不同的"，并解释了对中国的维尼纶设备出口。[32]

大平和美国的差异不仅体现在中国问题上，还体现在对东南亚的政策上。当时的东南亚，印尼的苏加诺总统正在反对马来西亚的联邦构想。美国冻结了对印尼的援助，而池田听取大平的建议，从偏向苏加诺的立场上尝试调解。

大平也接受了缅甸增加赔偿款的要求。（《著作集》二，67—72页，菊地，2000b，375页，政策研究大学院大学C.O.E.口述政策研究项目，2004a，185页，宫城，2004，55—76页，波多野等，2007，94—99页，保城，2008，224—227页，吉次，2009，149—151页，2011，167—171页）

11月22日，肯尼迪总统遇刺，池田和大平赴美参加葬礼。26日，池田、大平会见了腊斯克，就日韩渔业问题进行交涉。大平认为："渔业问题没有索赔权那么棘手。"[33]

中国大陆和台湾

大平还负责处理了周鸿庆事件。1963年9月6日,中国代表团访日参加液压机械展销会时,担任翻译的周鸿庆于10月7日叛逃进了苏联大使馆。有消息称周欲逃往台湾,而台湾当局也向日方表示可以接受他。

然而,周鸿庆的想法变来变去,10月24日又称想要返回中国大陆。台湾向大平施压,阻止他回大陆。最终,日本认可周鸿庆回国,引起了台湾和日本国内部分舆论对池田内阁的批评。

这也成为外务省内热议的话题,大平为此几乎天天开会。[34]外务省亚洲局的干部们也考虑到中国大陆和台湾双方的感情,很难统一意见。这时大平以理服人:"我非常明白各位的意见。不过我们需要依照国内法律和国际法处理问题。"(政策研究大学院大学 C.O.E. 口述政策研究项目,2004a,163、165、182—183页)[35]

大平在回顾周鸿庆事件时,强调了尊重"自由意志"的重要性:

> 我国法律法规以尊重个人自由意志和人道主义精神为宗旨。因此,有批评称日本政府在处理本案件时,因部分左派人士的施压而扭曲法律,没有尊重周鸿庆的个人意志,这完全是一派胡言。(《著作集》二,92页)

大平通过法务省确认周鸿庆的想法,遵照国内法律处理了该案,将一个大的政治问题细化到技术水平来解决。(公文等,1990,219—220页,池田直,2004,126页,井上,2010,269页,神田,2012,133—134页)

1964年1月17日,中国大陆和法国发表了建立邦交的联合声明,随后台湾在2月10日表示与法国断交。美国虽然说服台湾不要与法国

断交，但台湾在政治上仍通告了断交，同时保持务实关系。（福田圆，2013，306—319页）

2月11日，大平会见赖肖尔，表达了对台湾的不满："日本希望能成为中华民国的朋友，但不可能无视统治大陆15年之久的共产中国体制的存在。"[36]

2月12日，在众议院外务委员会中，对于日本社会党穗积七郎的提问大平如是回答道："当出现中共政府在世界的祝福声中加入联合国的情况时我认为日本政府理应作出重大决定。"换言之，如果联合国同意大陆加盟，那么日中邦交正常化必须提上日程。

大平还说道："北京政府不承认两个中国，或一中一台。国民政府亦是如此。"也就是说，如果与大陆建立外交关系，就必须与台湾断交。[37]

对华贸易方面，"仓敷人造丝"公司决定向中国出口维尼纶成套设备。池田内阁同意日本进出口银行对合成纤维工厂对华出口提供融资。周恩来在与自民党议员松村谦三等人的会谈中，提到池田内阁的对华政策比岸信介内阁缓和许多。[38] 大平在法务大臣贺屋兴宣、通商产业大臣福田一的支持下，同意在东京开设中方贸易事务所。

台湾反对日中贸易，大平向驻日台湾大使张厉生解释道："如果日本不进行与西欧同等程度的中共贸易，我认为很难说服日本国民。"然而张厉生辞职回国，日台关系进一步恶化。2月23日，池田和大平派吉田茂访问了台湾。

与蒋介石会谈

1964年7月3日至5日，大平访问了夏日炎炎的台湾。这是日本外务大臣首次访问台湾。台方也希望修复与日本的关系，因此非常欢迎他。7月4日大平与蒋介石总统、外交部长沈昌焕、秘书长张群等进行会谈。

大平说："天皇陛下让我代他向您问好。"蒋介石回答道："陛下一切无恙？请向陛下转达我的谢意。"

关于日本的立场，大平谦虚地说："我国国力还不足以让日本成为亚洲的主角，向近邻及世界各国做出重大贡献。"

蒋介石强硬地说：

"不解决中共问题就没有东亚的稳定。（中略）希望您督促日本政府将应对共产党作为一个基本方针加以考虑。"

大平回答道："我同意您的看法。的确，共产党问题关系到亚洲的存亡，决定了整个亚洲的未来是自由还是沦为奴隶。"

蒋介石继续道：

"如果日本和中国（指台湾——引者注）在共同的目标下前进，就可以对抗中国共产党。如果现在不制定相应的方针，那么5年10年后整个亚洲可能会被染成清一色共产主义色彩。"

大平最后说道："您崇高的建议让我刻骨铭心。这个问题对于日本非常重要，回国后我会向总理和自民党干部转达。"

大平与蒋介石的会谈持续了1小时15分钟。大平虽然想维持与台湾的蜜月关系，但由于先前一直促进与中国的贸易，因此心情非常复杂。

当晚，蒋介石举办了晚餐会。在晚宴中蒋介石仍然强调打倒共产党。大平这样回答：

> 日本政府采取民主政治，因此行政与国民同在，不能将政府的意愿强加给人民。共产主义也不能简单地弹劾，需要整体包容然后加以解毒、消化。

大平谨慎斟酌了每一个词，折服了大他两旬的蒋介石。由于蒋介石

也希望恢复同日本的关系,因此没有提及周鸿庆事件。(服部,2013,115—124页)[39]

回到圆山大饭店后,大平看着台北的夜景,向记者说道:"我今天可是见到了历史人物啊。""历史人物"指的就是蒋介石。这是大平唯一一次访问台湾。(阿部,1994,409页)[40]

第四章 "'二战'后的总清算"
——从自民党第一副干事长到宏池会会长

1 从池田内阁到佐藤内阁——至政调会长时期

池田三度当选

1964年（昭和39年）7月5日，大平从台湾回国。7月10日进行自民党总裁选举，池田第三次当选。不过池田是以微弱优势战胜佐藤的。

大平对池田第三次参选持谨慎态度。他认为首相当四年就足够了，凡事都有结束的时候。但池田并不喜欢这样的说法，"我说了想第三次参选，你怎么突然就不同意了"，池田很生气，大平与池田再度出现芥蒂。池田的几个心腹中，黑金和宫泽站在前尾干事长一边，逐渐与大平形成对立态势。

池田在第三次改组内阁中并没有起用大平，取而代之担任外务大臣的是椎名悦三郎。佐藤派的田中留任大藏大臣，大平未能入阁，被降级为自民党第一副干事长。而且时任干事长三木武夫，虽与大平同为四国出身，但和大平联系不那么紧密。

大平很无奈，但既然是池田的意思也就只好接受。大平沮丧地说："小说中不是也有说人生有晴天也有阴天嘛。"（渡边恒，1996，71—72页，栗原，1990，161页，安田，1994，131页，木村贡，2006，79、81页）

"要去旅行了"

这时，正树正在与病魔抗争。有一天眼球突然出血，到东京大学附属医院就诊，发现是贝赛特氏症，是世界上少见的疑难病症。大平马上安排正树住院治疗，但病情日益加重。"除了东大的治疗，我们还打针、服药、推拿、按摩，甚至是求神拜佛，能做的都做了。"

然而，眼睛出血不止，右眼几乎失明。腿部神经也受到侵害，走路变得困难。但正树从来没有抱怨过。"身处病床，每天都与死亡作斗争，但正树还是担心我的健康，安排家人如何管理我的饮食和睡眠。"

正树在收音机上听大平的每一段国会演讲，并告诉他自己的感想。后来他甚至能够模仿池田和田中的语气。田中也经常来看望正树。田中每次来时，都会带两个千疋屋的白兰瓜。这成为正树心中的慰藉。

东大医院开始施工噪音很大，大平让正树出院，回家休养，让主治医生到家为他治疗。然而，正树的病情持续加重。"不过正树心态平和，和往常一样时时刻刻想着他人，并鼓励他们。"

8月6日，是个清爽的晴天，阵阵凉风吹拂着树枝。正树说他"腿有点疼"，大平帮他按摩后，离开了家。正树像往常一样，握住大平的手，说了声"路上当心"。正树温厚豁达的性格，正是他父亲的写照。

中午时分，志华子夫人打来电话说："病情突然加重了。"病魔已经侵入到正树身体内部。6日下午5点，正树并发心衰，在家人的守护中离开了人世。他最后一句话是："我要去旅行了，帮我准备好鞋子。"

大平"几乎失去了活下去的希望和热情"。

  与正树的离别，是我做梦也没有想到的，却成为无情的现实。我几乎失去了活下去的希望和热情。他对我来说是无可替代的存在，几乎是我的全部。悲痛如铅块般沉重，又如尖锐的刀片一样刺痛着我的心。这种疼痛并没有随着时间的推移而减弱。

池田也参加了正树的葬礼。大平无法忍受正树变成骨灰,最后安排了土葬。在多摩灵园立了一个小小的墓碑,在上面刻了"为父,亦为挚友"。

> 保罗三木
> 大平正树
> 昭和39年8月6日没
> 享年26岁
> 为父,亦为挚友的
> 大平正芳 立

保罗三木是正树受洗的名字。属于挚爱长子的盛夏,却因他的过早离世而早早结束。大平向正树的朋友们写了信,上面写道:"生前故人承蒙各位特别的爱戴,在深厚的爱和真诚的友谊中度过了26年虽短但充实而精彩的人生,这是我们心中的慰藉。"[1]

一周年忌日时朋友们悼念正树,大平无语凝噎。两周年忌日时,本想在最后讲话,但还是泣不成声。(《著作集》二,199—201页,真锅,1976,213—220页)[2]

"步入寒冬时代"——从池田到佐藤

池田在第三次当选首相后感到喉部疼痛。1964年9月6日,池田被诊断为喉头癌,住进了筑地的癌症治疗中心。这为大平和池田修复关系提供了契机。

大平对池田说:"这样下去喉头的软骨可能会被侵害,需要放疗。""（池田——引者注）接受了我的劝告，马上住了院。他似乎以为是过劳或用嗓过多。"

显然池田无法担任总理的重任。池田"在政权成立时保证过，组阁后马上倒台也可以，不期待长久的政权"。这番话即将成为现实。在大平的说服下，池田"非常爽快地答应了"。

池田决定在10月10日开幕的奥运会结束后引退，并在10月25日宣布辞职。他的辞职声明是大平起草的。（《著作集》二，96—99、313—314页）

最大的问题是继任总裁。最有力的候选人是佐藤，但也有人拥护河野一郎以及藤山爱一郎。大平如此描述当时的情形："政权像一个妖怪一样，寻找着自己的归属，在平河町的自民党本部和筑地的癌症中心之间徘徊不定。"

大平和池田终于在池田临终前重归于好。"我每天都去癌症中心看望池田，陪他聊两三个小时。"

11月9日清晨，大平和川岛正次郎副总裁、三木干事长一同去了癌症中心，池田写下"我推荐佐藤荣作君为继任总裁"，于是佐藤总裁诞生。当天，佐藤在国会中顺利当选内阁总理大臣。（《著作集》一，77—78页）

这样池田就可以专心治疗了。国会正式会议一结束，大平就去看望池田。池田已通过电视了解了国会的动向。大平说："11月9日这天，无论对您还是对我来说都是一生中最美好的一天啊。"池田"默默地点了点头"。（《著作集》二，101—102、318—319页）

大平作为与池田最亲近的副干事长，在指派继任总裁中发挥了很大的作用。当时最有力的候选人是佐藤和河野。池田更倾向于选择河野，河野也以为"池田一定会选择自己"。但大平却向池田推荐了佐藤。这是因为大平认为佐藤和池田同为"吉田学校"的学生，选择佐藤更加合适。

然而,佐藤内阁成立后,大平却遭到了冷遇。大平继续任副干事长一职,虽然不满但没有表现出来。大平对要好的记者说过:"政治家有时候就需要忍耐。"(岛,2000,229—230页,御厨等,2007,261—263页,森田,2010,78页)

其实,佐藤通过田中了解了大平的贡献。田中对佐藤说过:"要想得到(池田——引者注)指派需要说服大平、前尾。"佐藤也"表示了赞同"。佐藤在日记中写下"田中—大平线","田中和大平也有联系,经常向我转告医院的情况,并告诉我当选无疑"。(佐藤荣,1998,189、191、194—196页)

然而另一方面,也有记录称佐藤认为:"继任总理一定是我,但过程受到了大平的阻碍。"对于大平来说,佐藤内阁成立是"隆冬的开始"。

大平并没有批评佐藤,向周围人说:"人在身处闲职的时候才能够学习,与人交往也更加密切,能够收获很多。身处要职看似荣耀,但其实学不到什么。"

田中也鼓励了大平。田中在佐藤内阁中作为大藏大臣留任。大平和田中的关系可以用"静与动"来描述。田中去议员会馆找大平聊天,一个小时中有55分钟都是田中在讲话。通常他们很宽泛地聊聊世相,很少谈到具体的政治问题。

大平一边应和一边听,最后总结一句:"你说了很多啊,不过结论就是这样吧。"田中回答"对,没错。"他们这一次谈话就结束了。与田中的交谈让大平轻松不少。(真锅,1976,115—119页,政策研究大学院大学C.O.E.口述政策研究项目,2004a,190页)

思考与读书

1965年2月2日,大平就任自民党政务调查会外交调查会的副会长。不过这对于经历过官房长官、外务大臣的大平来说完全是个闲职。田中被提拔为干事长，在佐藤内阁里崭露头角。田中成为自民党最年长的干事长。当时大平心中一定也非常焦虑。

当年8月13日，池田去世，原因是喉头癌复发。大平如此评价："池田被不治之症缠身，他的离世比我们预想的早了很多。这非常不幸，但他在政治上还是非常幸运的。""我和池田真的太亲近了。"(《著作集》二，102、338页)

一年前送走长子的大平，又失去了从27岁担任横滨税务署长后一直共事的池田。前尾继承了宏池会会长后，大平与前尾也产生了距离感。

1966年4月5日，大平在自民党本部发表了题为《日本外交的坐标》的演讲。这个演讲就当时的外交理论来说是最为全面的。

大平首先谈到，"外交是内政的外部表现"，"没有完整的内政就不可能有很好的外交"。

就安全保障问题，大平主张："凡事都没有绝对可言，安全保障也是一样"。"在安全保障中，军事只是一个方面，只能起到补充的作用，我们需要从更广的角度去思考这个问题"。大平后来的安全保障论起源于此。

中国问题是演讲的一大重点。"假如联合国用投票方式承认北京一方的中国代表权，也会出现难以想象的麻烦。"中国进入联合国的日子即将到来，大平为此费尽了脑汁。(《著作集》二，121—153页，渡边昭，1994，111—114页)

大平当时远离了权力。8月1日佐藤内阁改组时，田中干事长想让大平担任政调会长而到处奔波。大平怀疑道："感谢好意，但你能说服帽子吗？""帽子"指的就是佐藤。果然大平的疑念成真，佐藤还是没有让大平担任要职。

11月5日，大平离开了住了20年以上的文京区驹込林町的家，在世田谷区濑田的高台建了新居。驹込林町是现在的千驮木，离市中心很近。濑田在当时还是郊外。政治家通常会住在离永田町较近较方便的地方，在"二战"后的首相里只有大平从市中心搬到了郊外。大平搬家是为了离开正树去世的地方，认真思考人生，认真读书，转换心情重新崛起。（御厨，2010，130—131页）

哪怕是最繁忙的时候，大平也会一周去一到两次书店，买几本新书回去。比起政治经济和法律，他更喜欢看历史、社会方面的书和随笔。他说："我喜欢新书的书香味和拿到手上时那温馨的触感。那是我能够感受生命的时候。"（《著作集》二，176页，三，209页，六，305、398页，池田行，2000，199—200页）

大平买了很多书。自家的书库摆不下了，就在香川的事务所设立了大平文库，把书送了过去。大平文库的藏书量多达8000册，向市民出借，成了一个小型的图书馆。（真锅，1976，197—198页）

大平最喜欢读的书有中国古典《论语》、《孟子》、《十八史略》、佐藤一斋的《言志四录》等。佐藤是江户时代后期的儒学家。（香山，1994，21页，佐藤一，2005，246—247页）

大平反复研读的书籍中，有一本《日暮砚——恩田杢》（泷泽七郎著，明德出版社，1957）。恩田是真田藩的家老，这本书记录的是恩田改革藩政的功绩。大平说："其实他的精神非常平凡。一句话说，就是不吹嘘，爱戴百姓，承受孤独。"

大平"喜欢的现代作家是司马辽太郎。他的主要作品几乎都读过"（《著作集》三，287页，四，361页）。

他最喜欢的书是《圣经》，所了解的关于《圣经》的知识让专家都折服。大平的书房里有古今东西哲学、思想、伦理、历史的书籍。后来大平开始研读东方思想，喜欢读安冈正笃的书。吉田茂和池田勇人也拜其为师。

大平的座右铭"兴一利不如除一害"是他在中国古籍中看到的，听安冈也说过。这句话是蒙古帝国政治家耶律楚材的名言。大平想要努力除一害，虽然看似不起眼但非常有效。

大平还喜欢读田边元、小泉信三、矢内原忠雄、永井阳之助、中山伊知郎、杉村广藏等学者和记者的书。他自己也深感夏目漱石、森欧外等古典小说读得不够，并向心腹透露："政治是艺术的一种，所以也得多看看小说。"[3]

大平在写作上也耗费了大量时间，出版了随笔集《春风秋雨》。书中登载了《吉田先生和池田先生》《回忆长子正树》等文章。出版该书是为了纪念次子大平裕结婚。

自民党政调会长

1967年2月7日，津岛寿一去世。如果没有津岛推荐大平到大藏省，他的人生将截然不同。曾担任津岛秘书的大平念了悼词："得到老师的赏识是我一生的光荣。您不知疲倦走来的真理之路，将由我来继承。"(《著作集》三，229页)

几个月后，大平终于迎来了转机。11月5日，佐藤内阁改组，大平得到佐藤派干部保利茂等人的积极推荐，就任自民党政调会长。福田赳夫留任干事长，桥本登美三郎任总务会长。(真锅，1976，120页)

大平在担任政调会长时，处理的主要问题是财政僵化问题。大米、国营铁路、健康保险被称为"3K赤字"(这三个词的日语拼音都以K开头——译者注)，造成了经常性财政赤字。大米在食物管理制度的管制范围，而田中当时担任米价调查会长。

1968年7月，党的总务会议就生产者大米价格问题产生了纠纷。农林省的干部纷纷起身发言：

"就是因为我党缺乏对农业的理解,大米价格才会产生纠纷。大平政调会长是大藏省出身的精英,根本不了解农民生活。请立刻辞职并离席。"

大平默默地听着,但终于没能忍住愤怒,站起身来想要离开会场。坐在他身旁的田中拉住了他的手臂。

田中劝他说:

"哪有一气之下就离开的?你要是走了就回不来了。"

大平恢复平静,向农林省干部说:

"刚才两位说我不了解农民生活。但据我所知两位的父辈都是我们的前辈政治家,两位都出自名门,自小过着富裕的生活。而我呢,只是讃歧地区一个贫农家的儿子。"

大平继续说:

"我在少年时代,天刚亮全家就必须起来,去山间的田地里看看田里的水够不够,然后再赶乘早上第一班火车去上学,天天如此。家里贫穷,学费很难凑齐,我作为特困生才一路读完大学。现在二位竟说我大平正芳不了解农业,真令人感到遗憾。"

在田中的劝告下,大平才能够救场。而田中也感到:"感觉那是我第一次听到大平如此发自肺腑的讲话。"会议最后决定,米价问题由党的三首脑和米价调查会长解决。(公文等,1990,250—254页,竹内,1994,148页)

2 与美国的经济磋商——通商产业大臣

日美纺织纤维贸易摩擦

1968年11月27日,自民党进行总选举,佐藤获得第三次连任。选举的结果是三木第二、宏池会会长前尾第三。前尾提出改善党的体制、"商量与说服的政治"、"均衡高效的国体开发"、"自主和平共存外交",但成绩不佳。[4]佐藤则对冲绳归还问题显露了热情。

在宏池会上,佐佐木义武、伊东正义、服部安司、田中六助等中青年议员开始提出"前尾就这样了,不如辞职将领导席位让给大平"的意见。大平说:"前尾会自己考虑好决定的。"于是前尾继续留任宏池会会长。

从这段时期开始,大平每周都会在个人事务所开交流会。这个交流会还邀请了记者,显然大平是意识到了宏池会下一届会长的席位非己莫属。大平为的是对抗前尾在宏池会事务所开办的交流会。记者团也分成两拨,同一派系内形成了两个集团。前尾在与大平的竞争中日益憔悴。(宇治,1983,22页)[5]

11月30日,佐藤改造内阁,任命大平为通商产业大臣。这是大平时隔四年再次入阁,而且还担任重要职位。寒冬终于结束。对手福田赳夫被任命为大藏大臣,外务大臣由爱知揆一、官房长官由保利茂担任,阵容强大。田中再次担任干事长。

12月7日,大平在众议院商工委员会发表施政演讲,演讲的重点是改善产业结构、强化企业体制、中小企业的现代化、培养技术开发能力、应对能源需求、强化公害管制、稳定物价等7项政策。推进八幡制铁和富士制铁两大制铁企业合并和新日铁公司的诞生工作的也是大平。他认为,只要没有垄断问题,为了强化竞争力而合并大型企业也是可行的。(《著作集》一,80—81页,二,393—395页)[6]

大平最大的课题是与美国的纺织纤维贸易问题。尼克松政权希望日本限制纺织纤维产品出口。

1969年5月12、13日,大平与美国商务部长斯坦斯在东京举行会谈,表示了日方的意见:

日本出口美国的纺织品都是美国以往不那么注重的领域，是源自技术开发的日本独特的产品，其实是补充了美国的生产。美国的供给能力很强，所以只要强化国内政策，自然就会抑制日本的进口。

大平接着指出："如果美国政府想要通过各国的出口限制来解决纺织产品问题，那么无论是对美国的威望，还是推进自由贸易，都是非常遗憾的。"斯坦斯反驳道："尼克松已就解决纺织纤维问题进行过公开承诺，这一点无法改变。"[7]

大平还邀请斯坦斯到濑田的家中，两人继续就此事磋商。斯坦斯要求限制纺织品出口，大平说："美国纺织品产业非常繁荣，我们没有找到任何根据，证明我们应该采取保护措施。"（《著作集》二，436页）

7月29日到31日，第七届日美贸易经济联合委员会会议在东京召开，大平再次与斯坦斯会谈。就纺织品问题，大平说道："虽然我也不愿意明确日本的纺织品给美国带来多大程度的损害，但想要通过出口国的自主限制来解决这个问题，我无法完全理解。"

会谈结束，大平只承诺派人前往美国调查损害情况。[8]

通商产业省的调查团于当年9月访美，调查结果是美国纺织业界并没有受到损害。（《著作集》三，80—81页，公文等，1990，263页）

大平在"世界经济和日本"的演讲中提道：美国的要求"是和贸易自由化进程背道而驰"的。

我认为美国要求日本自主限制纺织品出口是不合理的。这显然和贸易自由化的进程背道而驰，也会损害美国的名誉和权威，我方也无法说服国内各界。（中略）不过，美国从越南抽身，重新考虑对亚洲政策，这个改变是非常好的。

虽然大平认为日美关系是头等重要的事情,但他判断自主限制"不合道理",可见他并非一味地追随美国。(《著作集》三,299—300 页)

首访东欧

1969 年 10 月 17 日,大平从羽田机场出发,访问了欧洲九国——意大利、保加利亚、匈牙利、波兰、捷克斯洛伐克、奥地利、西德、英国、法国,行程达半个月以上。访问东欧,是为了了解苏联这个"铁帘子"的背后,为贸易多边化寻找突破口。[9]

在欧洲,大平主要就扩大贸易、经济交流、技术合作等问题展开会谈。与捷克斯洛伐克弗露西科维奇首相代理的会谈中,大平说道:"我认为日本的科技水平已达到世界先进水平,科技领域已经有了能够和其他国家合作的良好基础。"

此次东欧之行是大平第一次访问社会主义阵营国家,他感到"东欧各国无论在心理上还是在经济上,对苏联的依赖和对西欧的倾斜同时存在。苏联方面也是,只要不对自身国家安全产生威胁,似乎也没有向东欧各国施压,阻止这些国家与西方的交流"。

西欧国家中,西德给他留下了深刻印象。刚成立不久的勃兰特政权已成功让马克升值。"从东向西走遍欧洲,我非常明显地感受到了德国国力的增强,而且还有很大的潜力。欧洲各国,包括东欧各国经济对德国的依存度日益增强。"

在英国,梅森商务大臣提出威士忌的贸易自由化,而大平则就英国的经济限制进口条约提出疑问。双方约定继续深入探讨。(《著作集》一,81 页,三,134—139 页,四,279 页) [10]

1969 年秋访欧行程

10 月 17 日　离开羽田机场,出发前往欧洲九国进行友好访问。

18日　抵达罗马，出席高野藤吉大使主办的晚宴。

19日　参观庞贝古城，离开罗马，抵达索菲亚。

20日　与保加利亚国家科学技术委员会议长波波夫、外贸部长临时代理阿尔吉谢夫、副部长本卡夫等外贸部干部会谈，访问日夫科夫首相，与各部高官会谈。

21日　离开索菲亚，抵达布达佩斯。与匈牙利外贸部长比罗会谈。

22日　与金属机械工业部部长霍尔高基、首相福克斯、外贸部长比罗、外交部长贝塔会谈。离开布达佩斯，抵达华沙。

23日　与波兰外贸部长布拉克维奇、外交部长伊耶德里霍夫斯基会谈。

24日　与机械工业部部长福林科维奇、国家计划委员会第一副议长特伦普钦斯基、首相次郎科维奇会谈。离开华沙，抵达布拉格。

25日　与捷克斯洛伐克工业部部长克莱齐、首相代理弗露西科维奇（副首相兼技术大臣）、外贸部部长代理巴尔查克（外贸部国家书记）会谈。

26日　离开布拉格，抵达维也纳。视察维也纳市内。观赏理查德·施特劳斯的歌剧《玫瑰骑士》。

27日　参观谢恩布伦宫殿。离开维也纳，抵达柏林。

28日　参观西柏林及柏林墙。离开柏林，抵达波恩。会见西德国防部长施罗德。

29日　离开波恩，抵达伦敦。在汤川盛夫大使主办的招待会上与英国商务部长梅森等政要、知日派议员、日英经济界人士等畅谈。

30日　拜会前首相霍姆。与技术部长本恩、商务部长梅森会谈。参加日本记者招待会。参加日本商工会议所主办的晚宴。

31日　离开伦敦，抵达巴黎。拜会法国前首相库布尔米尔比尔、财政部长季思卡德斯坦。与OECD秘书长范·伦内普会谈。会见驻法日本记者团。

11月1日　视察巴黎近郊。出席有关欧洲经济问题的驻法大使馆干部交流会、日本通产省驻欧工作人员晚宴。

2日　离开巴黎奥利机场。

3日　抵达羽田机场，在机场与记者见面。

出处："大平通商产业大臣访欧相关资料（1969·10）"（A'.1.5.3.12 外务省外交史料馆馆藏）《著作集》3.134—136页，7.388—399页。

与佐藤的隔阂

11月3日，大平回国后不久，17日佐藤就出发前往美国。佐藤与尼克松总统会谈，将纺织贸易问题的解决作为归还冲绳的条件。美方认为此次会谈达成纺织品自主限制的"密约"，日方也有人嘲讽说"用钱买绳"。

佐藤在内阁会议中报告了冲绳归还的问题，但没有提到纺织品"密约"。会议结束后，大平问佐藤："您有没有什么需要说的？"佐藤否认："什么都没有啊。"大平非常反对纺织品出口自主限制，也向政府施加了压力，但佐藤不说明方针，大平也无法说服相关业界。（德斯拉等，1980，121—122页，若泉，1994，474—527页，石井修，2009a，435—442页，森田，2010，88页，信夫，2012，59—118页，中岛琢，2012a，251—269页，2012b，209—230页）[11]

大平认为:"归还冲绳无需以纺织品作为代价","纺织品问题需要遵照相关规定解决"。他察觉到了佐藤·尼克松会谈中的"密约",但佐藤告诫他:"冲绳归还谈判结束前别跟我反目成仇。"大平向心腹说道:"美国也太专横自私了。"大平和佐藤既没有决裂,但也没有拉近距离,大平熬时间熬到归还冲绳,结束了他的任期。(福川,2000a,117—123页)

政治家通常哪怕是稍加让步,也想在谈判中达成共识,但大平的想法则不同。在后来的日中航空协定、对墨西哥石油增量的谈判中,大平·拒绝了不合理的让步。他并没有刻意想去解决日美纺织品谈判,因而被佐藤疏远。(菊池,2000b,376页)

3 "开启日本的新世纪"——宏池会会长

再次失去要职

大平在1970年1月出版的《五行评论》上发表了《新通商产业政策的课题》一文。《五行评论》是地方银行的杂志。大平认为,日本自明治维新起一直以"赶超欧美"为目标,"在即将迎来70年代的今天,终于要结束追赶的阶段",但"为政者和国民都还没有找到创造新价值的突破口"。

关于今后的通商产业政策,大平提出了"经济的国际性扩展、充实国民生活质量、确保经济发展的基础条件、创造性发展"四个支柱。他认为经济运营应该民间主导,"民营企业必须明确地意识到,需要凭借自身的力量在激烈的国际竞争中脱颖而出"。论证中明确考虑到历史的发展,很有大平的风格。(《著作集》三,246—255页)

大平想要继续担任通商产业大臣,但1970年1月14日第三次佐藤内阁成立时,内阁名单中并没有大平的名字。担任通商产业大臣1

年2个月后,大平再次离开了日本政治领导核心。佐藤任用的是宏池会的晚辈宫泽喜一。

1月13日深夜,田中干事长打电话通知大平留任通商产业大臣,但大平有不祥的预感。14日宣布内阁名单时,大平前往赤坂山王大厦的事务所,打开了电视。当官房长官保利茂宣布通商产业大臣为宫泽喜一时,大平表情僵硬,对他的秘书们说道:"谢谢你们这段时间的协助。"

1月2日,大平还和宫泽一起在茅之崎打过高尔夫球。佐藤从远处看见他们,对儿子信二说了一句:"你看,新旧通商产业大臣在一起呢。"佐藤任用宫泽,从而打击了宏池会。(佐藤荣,1997,16页,小国,2000,498页,福川,2000a,124—126页,御厨等,2005,237页,福本,2007,103—104页,御厨,2011,24—25、55、140—143页)

大平向池田勇人夫人透露过:"佐藤先生大概是觉得可以透过我看到池田总理,不符合他的心意。"(池田满,2000,18页)

宏池会的铃木善幸也说过:"大平当时很懊悔,很愤慨,他当时的样子现在还历历在目。也因为这样的纠葛,宫泽和大平的关系并不是很好。"(铃木善,2000,45页)

"自我反省的路标"

1970年3月12日,大平迎来了花甲之年。这天,大平写了题为《还曆与自悔》的文章,令人印象深刻。

> 我前60年的人生并不那么辉煌,但幸运的是并没有大风大浪。
> 宗教和哲学领域有一个概念叫"永恒的当今"。"当今"存在于来自过去的引力和来自未来的引力这两个反作用力作用的均衡点,对于我们来说是独一无二、非常珍贵的。因此人生看似平凡的每一天,都是无可替代的,我们要心存感激。

（中略）我认为应当荣辱问天，进退从命。这是我从今往后自我反省的路标，如果离开了这一点，我今后的人生将变得毫无意义。请各位前辈、朋友继续指正和关照。

　　大平引用了"永恒的当今"，并谦虚地回顾了自己的前半生，吐露了对"从今往后的人生"的决心。（《著作集》三，220—226页）

　　失去要职后，大平没有停止对外关系的分析。4月8日，他在三菱总裁讲座上作了题为《国际化时代与日本》的演讲，全面回顾了东西冷战、中苏对立、中美关系、南北问题等，并称越南战争结束后的世界形势为"灰色的混沌"。内容并不华丽，但非常全面涵盖了国际政治形势，其意义十分重大。（《著作集》三，98—111页）

　　4月上旬，大平与内阁官房副长官木村俊夫、社会党前委员长佐佐木更三、自民党众议院议员古井喜实会谈，展望日中关系的未来。

　　台湾问题是日中间最大的障碍。如果无法确定如何解决台湾问题，日中关系也不会有进一步发展。政府、自民党都采取"一个中国"的立场。台北当局也是如此，没有"两个中国"的想法。问题是大陆方面如何对待台湾问题。

　　大平非常重视中国形势，尤其是台湾问题。（《著作集》六，182页）

"中国问题需要我"

　　佐藤疏远了大平后，于1970年10月29日的自民党总裁选举中第四次当选。宏池会会长前尾以进入内阁为条件并没有参选。但当选后，佐藤违反了与前尾的约定，并没有进行内阁改组。前尾被佐藤利用一事，遭到田中六助等宏池会中坚力量的抵抗。（公文等，1990，272—

273页）

大平在《北海道新闻》的采访中表示，"前尾大概无法掌握天下大权"。如此公开评价自己派系的领导，是非常大胆的行为。

> 前尾心胸宽广，没有贪欲，人格上非常正派。但无论从他的身体状况还是他的性格来看，都可以看出其实他并不适合去领导一个党派或者国家。所以可能无法掌握政权。但我并不否定他的人格。（《著作集》六，472页）

大平和前尾产生隔阂后，自己组织了"周四会"，集合了田中六助、田泽吉郎、增冈博之等中青年议员，并开始亲身筹集政治资金。前尾臆测大平在煽动年轻议员，两人的感情更加恶化。伊东正义、佐佐木义武、服部安司、浦野幸男等也认为大平应该代替前尾担任宏池会会长。

伊东等人来到位于濑田的大平家，要求大平担任会长，大平认为"既然大家如此热情要求"，便决定出马。宏池会曾面临分裂的危机，但最终通过谈判更替了会长。伊东告诉大平："为了得到权力，有时需要舍弃人情。"大平也将其铭记在心。（真锅，1976，127—128页，伊东，1994，263—264页，铃木善，2000，51—52页，宫泽，2000，32—33页，安田，2000，137—146页，木村贡，2006，100页）

1971年4月17日，大平就任第三代宏池会会长。他在大仓饭店发表了就职演讲："为了使宏池会发展为自民党的核心力量，我将倾尽全力。"此时大平已开始瞄准总理的位子。（《著作集》一，82页，三，320—321页，新井俊等，1982，36—37页）

大平在记事本上记录道："权力的交接是必然的"，"中国问题亟待解决。中国问题需要我。（中略）佐藤访美是他政治生涯的顶峰。已错

过最佳引退时间"。(《著作集》七，31—33页，福永，2012，22页）

大平就任宏池会会长后，小坂善太郎等人离开了宏池会。政治家容易为妒意和怨念所动。大平经常会说"三个臭皮匠，形成一派系"，还留下了名言"政界是嫉妒的海洋"。但大平认为这就是人的本性，也并没有否定派系。（梶原，2006，238页，森田，2010，137页）

"'二战'后的总清算"和"位于亚洲的海洋国家"

1971年下半年围绕日本的国际环境发生了很大的变化。7月15日，美国总统尼克松公布访华计划，10月25日，中华人民共和国恢复在联合国合法席位。中美关系的改善和中国加入联合国，击退了妨碍中日改善关系的诸多要素。（增田，2006，135—142页）

当年4月23日，大平于东京的高级日式餐馆秘密会见中日友好协会副秘书长王晓云，对日中邦交正常化表示了积极态度。两人会面由古井喜实引见。王晓云作为乒乓球团的副团长访问日本。（田川，1983，39—41页，王，2004，41页，鹿，2011，213页）

9月1日，大平在箱根举办的宏池会议员研修会上，发表了题为《开启日本的新世纪——改变潮流》的演讲。他在演讲中强调了"战后的总清算"和"自主外交"。

> 目前，可以说我国迎来了战后总清算这一转机。过去，我们一味地追求富裕，但到手的富裕中未必有真正的幸福和人生的意义。（中略）在外交方面，我们以对美协调为基调而回避参与国际政治，但美元体制已开始削弱，不得不走向艰巨的自主外交。

大平在演讲中强调"消除对政治的不信任"、"恢复人与人之间的联系"、"建设田园都市国家"、"努力展开和平自主外交的想法。"对于中国问题,"解决问题的时机已成熟"。

> 自去年秋季以来,联合国大势以朝着承认北京有权代表中国的方向倾斜。此后,与北京政府保持外交关系的国家不断增加,而我国的舆论也朝着这个方向摆动。
> 我认为,现在这个时机,就是政府正确评价这种形势,解决所谓中国问题的最好时机。我认为,政府应遵循日中友好的精神和原则,尽快开始与北京政府之间的政府间接触,才是顺应内外舆论之道。

这是大平向中日邦交正常化迈出的第一步,也是对佐藤内阁的批评。大平一直没有显露他的政治志向,在这次演讲中第一次明确表示反对佐藤,瞄准下一任总理。(《著作集》四,76—84页,真锅,1976,128—130页,木村贡,2006,107页,森田,2010,93—94页)[12]

1972年3月,大平发表了题为《日本新外交》的论文。

> 无需赘言,日本是位于亚洲的海洋国家。而且领土狭小,人口多,资源匮乏。亚洲其他国家仍处于不稳定、欠发达阶段。因此,日本所需要的资源和日本所追寻的市场都在大洋彼岸。日本的生存、繁荣、安全和名誉,取决于日本周边海洋环境的安全。

大平的根本思想是"位于亚洲的海洋国家"。这个思想为后来的环太平洋连带构想奠定了思想基础。

5月中旬,大平着手准备自民党总裁选举。他一边和前尾商量,一边做着多数派的工作。[13] 在前尾家与前尾会面后,大平向记者说:"我和前尾的关系已经好转,老大(前尾)也要开始工作了,也希望各位多帮帮我啊。"[14]

大平与丹羽乔四郎、高见三郎、小坂善太郎、福永健司、小山长规、荒木万寿夫、内田常雄等人召开干部会议，讨论选举对策。[15] 大平设立了由前尾等15人组成的新干部会，以讨论总裁选举和人事问题。[16]

5月24日，大平在大平派总会中，呼吁大家加强团结。

> 我们是曾经掌握政权的、有传统和名誉的集体。近期遭遇各种批评，乃我无德望、急慢所致。前段时期，我也一直和前尾先生讨论此事，结论是我们需要加强沟通和团结。
>
> 政局虽然险恶，但我还是想完成我们的使命。[17]

5月29日，大平派在大仓饭店召开了新干部会第一次会议。会议在前尾主席的主持下，确定了总裁选举中的人事（括号中是辅助人员）。

总务	小平久雄（斋藤邦吉、津岛文治）	
信息、宣传	福永健司（内田常雄、植木光教）	
政务	铃木善幸（小山长规、小川平二、佐佐木秀世、西田信一、藤田正明）	
政策	小坂善太郎（宫泽喜一、大久保武雄、岩动道行）	
财务	盐见俊二（天野公义）[18]	

根据大平谈话录记载，这段时期有台湾当局政要来探访大平，向他宣布"20年后我们就会独立"。没有记载这名政要的身份。

大平回答说："这恐怕有难度。大陆只要想做，就可以把台湾弄垮。因此解决台湾问题需要日本、美国和北京政府沟通，维持本地区和平。"

虽说很难相信台湾政要说的台湾独立之说，但大平提出的日美需要与北京沟通的这个想法还是很值得深思的。[19]

6月,大平宣布参加总裁选举,作为政权构想提出了和平外交五原则,即"禁止一切核攻击和核扩军"、"禁止侵犯各国主权"、"禁止助长任何国际纷争"、"禁止污染海洋、大气、水源和乱开采资源"、"禁止对世界上的饥饿、贫困和疾病放任不管"。五原则本身并没有太多新意,但大平最优先的外交项目是中日邦交正常化。

大平作为总裁候选人接受新闻记者采访时,明确了对华政策:"政府需要(与中华人民共和国)展开外交。为此,需要统一国内的意见。我认为现阶段首先应该巩固民意。"

大平仍思念着33年前29岁时去过的中国。最后,盟友田中在总裁选举中获胜。《著作集》四,84—86、345—359、365—377、482—484页)

第五章　追寻外交的新天地
——田中内阁外务大臣

1　日中邦交正常化

"多边外交"

1972年（昭和47年）7月7日，田中内阁成立，62岁的大平再度担任外务大臣。田中表示将加快日中邦交正常化谈判，并称"外交就交给大平了"。

10年前，在池田内阁担任外务大臣时，事务次官、局长等政要都比大平年长，"挺难沟通的"。但现在"所有人都比我年轻"。大平这次领导外务省时，对外交方面充满了信心。（《著作集》四，401—402页）

最大的悬案是与中国的邦交问题。大平将日中关系比喻为除夕和元旦，需要"努力和忍耐"。

> 日本和中国似近实远。就像是"除夕"和"元旦"的关系。（中略）
>
> 日中两国的文化，对文化的认识，为人处世的方式，都是大不一样的。（中略）
>
> 日中两国自古以来是一衣带水的邻国，将来也是如此。无论愿不愿意，都需要互相以长远的眼光和平交流。然而，日中两国国民

之间的不同点多于共同点，相互理解并不容易。但两国的邻国关系是永久的关系，需要双方的努力和忍耐。(《著作集》，253—258 页)

7月22日，大平在大仓酒店会见了中日友好协会副秘书长孙平化。孙此行是受周恩来总理的指示。当大平谈到"到一定阶段后，希望实现政府首脑层面的访华"时，孙表示欢迎访华。

席间，中日备忘录贸易办事处驻东京联络处首席代表肖向前对大平说："周总理以前就提到过，即使田中先生到北京来，也没有必要道歉，互相共叙友好，我们必须向前看，没必要向后看。"（王，2012，495—498 页，大泽，2013，28 页，中岛宏，2013，48—49 页）

大平在访华前关于对外关系有着怎样的构想呢？8月11日，大平在帝国饭店的午餐会上发表了题为《对日本外交政策的思考》的谈话。因为是日美协会共同举办，驻日美国大使英格索尔也在席上，所以大平用英文做了演讲。大平明确表示，"作为我国目前面临的多边外交的一环，我们打算推进日中邦交正常化"。他还说希望在不损坏日美关系的同时，"细心周到地开展日中关系"。

追随美国和开展亚洲外交并不是对立的，日中邦交正常化必须伴随着良好的日美关系。大平称之为"多边外交"。在先于美国推进日中邦交正常化的同时，也要搞好与美国的关系。（佐藤晋等，2012，284—585 页）

问题在于台湾，8月16日台湾的彭孟缉"大使"拜会大平。当彭对日本推进日中邦交正常化这一行为表示强烈抗议时，大平向他谈了自己的"政治责任"和"悲痛的心情"。

> 考虑到日本的内外形势和日本政府应该承担的政治责任，关于日中邦交正常化的问题，日本不得不考虑新的方向。在推进日中邦

交正常化方面，政府并非那么积极，但从严格意义上的政治责任上说，在当前的事态下不得不着手解决日中邦交正常化问题，因此在这件事上，我是痛下决心的。[2]

8月31日、9月1日，田中和大平在夏威夷会见了尼克松总统等美国政要。大平称："田中内阁在该会议中向美国承诺坚持日美安保条约。这里的坚持是指一点都不会马虎。"（《著作集》四，257页，七，56—58页，石井修，2009b，第25期第2卷，83—108页，服部，2010，413—444页）[3]

与尼克松会谈前，大平与田中进行了简短的会谈，在记事本上写到："无核（冲绳）（中略）（1969）紧急情况下引入核武器——此事不协商。"大平在知道佐藤前首相和尼克松的冲绳"核密约"的情况下，决定不对美国提及此事。（《著作集》七，52—53页，福永，2012，24—25页）

日中邦交正常化外交年表

1964年2月12日	大平外务大臣在众议院外务委员会中表示，如果中国在"全世界的祝福"下加入联合国，日本也考虑和中国恢复邦交。
1971年夏天	田中自民党干事长设立中国问题研究小组。
7月15日	尼克松总统宣布访华（尼克松冲击）。
9月1日	大平在箱根发表演讲："开启日本的新世纪——改变潮流。"
10月25日	联合国大会决定恢复中国在联合国的合法席位，台湾宣布脱离联合国。
11月10日	周恩来总理会见正在访华的东京都知事美浓部

	亮吉，批评了保利书信。
1972年2月21日	尼克松访华。
3月23日	田中通商产业大臣在众议院预算委员会中称给中国"添了很大的麻烦"。
4月21日	三木武夫在北京会见周恩来。
7月2日	田中、大平、三木会谈，达成政策协定。
5日	田中在自民党临时党大会的选举中获得压倒性胜利。
7日	田中内阁成立，大平时隔8年再次担任外务大臣。大平外务大臣上任，指示桥本为日中邦交正常化做准备。
10日	上海舞剧团访日，中日友好协会副秘书长孙平化担任团长（至8月16日）。
16日	社会党前委员长佐佐木更三在北京会见周恩来。
20日	日中恢复国交促进议员联盟会长藤山爱一郎举办宴会欢迎孙平化和肖向前。
22日	大平与孙平化、肖向前会谈。
24日	自民党总裁直属机关、日中国交正常化协议会召开第一次总会（会长·小坂善太郎）。
25日	大平会见台湾驻日大使彭孟缉，公布了"重大决议"。
27日	公明党委员长竹入义胜在北京会见周恩来。
8月2日	大平在外务省召开中国问题对策协议会（亦在8月4、9、12、16日召开）。
4日	竹入向田中和大平作回国报告。
15日	田中与孙平化、肖向前会谈，外务省答贺屋兴

	宣众议院议员的提问函。
23日	田中任命自民党副总裁椎名悦三郎为访台特使。
31日	桥本等外务省干部访华,田中和大平在夏威夷与尼克松、国家安全事务助理基辛格、国务卿罗杰斯会谈。
9月1日	发表日美联合声明。
8日	在日中邦交正常化协议会总会上确定中日邦交正常化基本方针。
9日	田中完成给蒋介石的亲笔信。
14日	小坂任团长的自民党访华团23人出发,会见周恩来等中国政府领导人。
17日	椎名悦三郎等人在台北松山机场遭遇反日游行。
18日	椎名等人与"外交部长"沈昌焕、"副总统"严家淦、"将军"何应钦等人会谈。
19日	椎名·蒋经国会谈。
20日	椎名向田中、大平汇报,对台方说明以往的所谓维持关系"包括外交关系"。日中备忘录贸易事务所代表冈崎嘉平太访华。
25日	第一次田中·周会谈。田中在人民大会堂晚宴上发表了"添麻烦"演讲。
26日	第一次大平·姬会谈。第二次田中·周会谈。第二次大平·姬会谈。
27日	非正式外交部长会谈。第三次田中·周会谈。田中·毛泽东会谈。第三次大平·姬会谈。
28日	第四次田中·周会谈。
29日	宇山厚大使在台北事先通告了日中联合声明的

发表，向蒋介石传达了田中的亲笔电报。日中联合声明的签字仪式在北京举行。大平在记者招待会上宣布与台湾断交（大平谈话）。田中、大平和周恩来前往上海，会见上海市革命委员会主任张春桥。台湾宣布断绝与日本的外交关系。

30 日　田中和大平回国，在自民党本部的两院议员总会作了归国报告。

10 月 6 日　大平在内外情势调查会中就日中邦交正常化发表演讲。

10 日　大平访问澳大利亚、新西兰、美国和苏联（—25 日）。

11 月 8 日　大平在众议院预算委员会中回答议员们的提问。

出自服部龙二：《日中邦交正常化》（中公新书，2011 年），260—262 页。

与中国建交

大平一直在关注北京的动向。他很担心中方提出"日美安保关系可以存续，但希望将台湾从（日美安保——引者注）条约中'东亚'的范围移除。"这是因为中国大陆原本就强烈反对日美安保适用于台湾一事。不过，大平从自民党议员古井喜实、公明党委员长竹入义胜等人了解到中国政府的处事方式非常灵活，于是就有了信心。

9 月上旬，大平到首相官邸会见田中，要求田中做最后的决定。这是为了与中国政府联络 25 日开始的访华日程。

"要联系他们（中国）了。没问题吧，要联系了。"

大平的语气比以往任何时候都要亢奋。少许沉默后，田中说：

"对方也是人啊，是人哪。走吧。"(《著作集》七，47—52、55—59页，每日新闻政治部，1987，169—170页）

大平和田中是在9月25日访华的。大平与周恩来总理、姬鹏飞外交部长进行磋商，还会见了毛泽东主席。虽然在台湾问题上出现了一些小插曲，但9月29日，双方签署了中日联合声明。

田中"把联合声明全权委托给了我（大平——引者注）"，但强调一定要避免"军国主义"这个说法。

总理把联合声明的事情全权委托给了我，这样就方便了谈判。但田中首相强调，他代表的是包括军国主义者、共产主义者在内的全体日本国民，因此一定不能在联合声明中出现"军国主义"的字眼，批评一部分日本国民，如果出现了"军国主义"一词我们就回国。(中略)

联合声明是妥协的产物。前文中写入了中方的主张，正文中强调了日本的立场，因此逻辑上是有问题的。不过这份声明最大的价值就是清算了过去一系列问题。(中略)

关于安保条约问题，中方表示这是日美之间的事情，不做干涉，因此没有讨论。(中略)

关于台湾问题，中方似乎是以长远的眼光考虑的。我先前想，如果中方一定让我们明确立场，就要求他们先跟美国磋商解决，但中方并没有深究。(中略)

关于会见毛泽东，中方事先完全没有保证可以实现。毛泽东给我的印象是乡下蛮横的长老，在他面前毕恭毕敬的周恩来显得非常渺小。他那不大也不奢华的书斋里有很多书籍。毛泽东将田中首相随手一指指到的一本书（《楚辞》）送给了他，称四书五经是欺骗人民的书，但是也有有用的时候，还给我们讲了小时候父母骂他时

他引用《论语》中的话开脱的故事。(中略)

关于赔偿问题,日方草案中的中方声明里明确写上了中国放弃对日赔偿请求权,但这一点刺激到了中方,因此最终声明中没有加入"权"字。

田中把在北京的谈判完全托付给了大平。毛泽东送给田中的真的只是一本"田中随手一指指到的书"。(石井明,2012,126页,服部,2012,100—101页)[4]

大平的谈判对象虽然是姬鹏飞,但姬鹏飞受到周恩来的指示。秘书森田一称:"大平外务大臣似乎一直是以和周恩来谈判的心情去谈判的。他自己也说'这是我跟周恩来之间的谈判'。"(新泻日报社,2012,134页)[5]

与中国建立邦交,可谓是大平一生中最大的成就。而且日中邦交正常化直接使得澳大利亚、新西兰、马来西亚、菲律宾等承认中国,台湾所加盟的 ASPAC 即亚洲太平洋协议会从此消失。(永野,1975,76页,平川,2012,114页)

访问澳美苏

大平为说明日中邦交正常化的来龙去脉,决定访问澳大利亚、新西兰、美国、苏联,日中联合声明中的反霸权条款引起了苏联的强烈不满,因此大平此次访问非常重视缓和与苏联的紧张关系。(若月,2006,53—57页)

10月10日,大平与通商产业大臣中曾根康弘、运输大臣佐佐木秀世、农业大臣足立笃郎、经济企划厅长官有田喜一一同访问了澳大利亚。10月12—13日,大平出席了第一次日澳部长级委员会。该委员会对于日本来说,是为了与资源丰富的澳大利亚建立互惠关系。(中曾根,

2012，230—231页）

大平在会议中对鲍恩外交部长称："如果环太平洋各国将来能够形成某种合作体制，日澳两国应当是作为其中心而存在，那么两国政府需要以长远的眼光研究两国关系。"大平担任首相后的环太平洋连带构想的思想来源于此。

大平还与在野党劳动党党首惠特拉姆进行了会谈。惠特拉姆问到"尖阁诸岛（钓鱼岛——译者注）及东支那海（东海——译者注）大陆架"问题时，大平如此回答：

> 这个问题我在访问北京的时候并没有讨论。中方似乎也不愿意讨论这个。
>
> 我感觉，中方认为当时应该是解决日中邦交正常化这个大问题的时候，不能拘泥于小问题。从此可以看出中国外交还是很实际的。

其实，关于尖阁诸岛（钓鱼岛——译者注）问题，在北京是有过短暂的谈判的，但大平并不认为中方正式讨论过这个问题。[6]

10月14日至16日，大平和佐佐木、足立、有田等人访问新西兰。大平向首相马歇尔、外交部长霍利奥克等人说明了日中邦交正常化的背景。

> 近来，中方的态度不再教条化而变得现实，他们也认识到对日和解的必要性。日方除了极少数人反对，包括在野党在内，大多数人都希望日中邦交正常化，因此国内要求解决这个问题。由于田中内阁的出现，这件事才得以确定，并付诸实施。[7]

当年12月下旬，澳大利亚和新西兰与中国建交。日中邦交正常化对两国产生了很大的影响。[8]

10月18日，大平在华盛顿会见尼克松总统。大平说明了日中邦交正常化的来龙去脉，并向美方说明"中国认为安保条约是日美之间的问题"。尼克松接受了大平的说明，并补充说韩国的稳定在东亚局势中也是不可忽视的因素。[9]

然而，与莫斯科的谈判却变得非常艰难。10月23日，大平会见了外交部长葛罗米柯。大平称："我们在联合声明中说明：日中邦交正常化并不针对任何第三国，反霸权指的是日中两国反对任何国家的霸权。"

葛罗米柯追问"反对霸权"到底"针对的是哪一个国家"，大平解释"不针对任何一个具体国家"。大平还提出想要将北方四岛问题交给国际法院处理，但葛罗米柯反对道："不应将日苏间的领土问题交给其他国家的法院。"

10月24日，大平与柯西金首相进行会谈，提及"自1956年以来悬而未决的领土问题"，但苏联态度僵硬，并没有进行实质性的讨论。（新关，1989，145—147页，新井弘，2000，57页，丹波，2011，171页）[10]

2 日美关系和金大中事件

中途岛号航空母舰

上文中已提到，大平于1972年8月31日和9月1日在夏威夷与尼克松总统会谈，确认了坚持日美安保体制。美国希望将横须贺作为中途岛号航空母舰的母港，以促进越南战争以后更加有效利用飞机。但是日本各方认为中途岛号上搭载着核武器。

美国副国务卿约翰逊首先提及横须贺母港化问题。8月31日，约翰逊对大平说：

"（母港化造成的）唯一变化，就是横须贺地区再多 800 户人家。（中略）无需进行事先磋商。我没有寻求您的同意。1963 年，赖肖尔大使已与您谈过这个问题，母港化不是对现状的变更。"

大平简短地回答道："我会认真考虑。"[11]

1972 年 11 月，大平同意了横须贺的母港化。10 年前被赖肖尔告知"密约"的大平，此次并没有要求事先协商。大平将核武器的"引入"理解为带其登陆。

1973 年 10 月 5 日，中途岛号航空母舰在抗议游行中驶入横须贺港。大平这次未能对国民做出充分的说明。(《著作集》七，52—58 页，太田，2004，107—108 页，小谷，2005，110—113 页，丰田，2009，186—187 页，森田，2010，265—266 页，福永，2012，24—25 页)

访问欧洲各国和美国

1973 年 4 月 28 日至 5 月 6 日，大平访问了南斯拉夫、法国和比利时，与各国外交部长、EC 本部首脑进行了会谈。在法国，大平与外交部长若贝尔、总统蓬皮杜、首相梅斯梅尔、财政部长季思卡·德斯坦展开磋商，讨论了印度支那（中南半岛——译者注）形势和日法经济合作等问题。[12]

离开比利时前，大平在记者招待会上这样总结：

> 欧洲整体上比我 10 年前访问时要"更加重视日本"。具体来说，就是对日本的尊重和畏惧之念同时存在，正在不安地窥探日本是不是今后能够坦诚相处的对象。这是我这次访问欧洲的主要印象。（中略）
>
> 当然，"实现日中邦交正常化"也是欧洲非常关注的一点。
>
> 南斯拉夫作为非同盟的盟主广泛收集情报，非常有趣。虽然这

个国家很特殊,但我完全没有感到不协调[13]。

1973 年春季访欧

4月28日　正式访问南斯拉夫、法国、比利时,从羽田机场出发,抵达安克雷奇。

29—30 日　经停汉堡、法兰克福后抵达贝尔格莱德,与南斯拉夫外交部长米尼奇等人会谈。

5 月 1 日　发表日本·南斯拉夫联合声明。离开贝尔格莱德,抵达巴黎。

2—4 日　与法国总统蓬皮杜、外交部长若贝尔等人会谈。

4 日　离开巴黎,抵达布鲁塞尔。与比利时外交部长、EC 本部首脑会谈。

5 日　离开布鲁塞尔,经停伦敦、安克雷奇后回国(6日)。

出处:"大平外务大臣访问南斯拉夫"(2011—769,外务省外交史料馆所藏),《著作集》七,398 页。

欧洲各国对于成为经济大国并和中国建立外交关系的日本日益关注。这次访问大平还去了非同盟国南斯拉夫。

7月16、17日,第九届日美贸易经济联合委员会会议在东京举行,大平担任议长。会议中讨论了经济以及"推进美国与苏维埃社会主义共和国联邦双边对话"、结束越南战争等议题。(大河原,2006,253 页)[14]

大平和田中一起访美,于 7 月 31 日、8 月 1 日就能源问题、越南、朝鲜半岛局势等问题与国务卿罗杰斯等人展开会谈。这也是为秋天访苏做的准备工作。(安川,1991,207—210 页,大河原,2006,254 页,石井修,2009b,第 25 期第 3 卷,207—237 页)[15]

金大中事件

1973年8月6日，大平和田中从美国回国，为正树办理了法事。这一年距离正树过世已经过了10年。

8月8日，韩国前总统候选人金大中在东京皇宫大饭店被绑架。金大中在白天被绑架，直到8月13日在韩国被释放时还被蒙上了眼睛。宾馆房间里查出了韩国驻日本大使馆一等秘书金东云的指纹，但金东云拒绝出庭。（金大，2011，232—255页）

虽然没有见过面，但大平之前就认识金大中。[16]金大中访问日本，也是在大平特别批准下实现的。

绑架事件被查明是由KCIA（Korean Central Intelligence Agency），即韩国中央情报部策划的，整个事件升级到了日韩间的外交问题。金东云是KCIA的重要人物。如果绑架事件是由韩国政府策划，那么就是侵犯了日本的主权。大平不停地与外务省干部以及警察厅长官高桥干夫展开磋商。

11月2日，韩国国务总理金钟泌携朴正熙总统的亲笔信来到日本。他想达成政治上的解决。大平称："金钟泌总理就这一事件给日本带来的很大的麻烦向日本政府和国民表示歉意，并保证采取措施不让类似事件再次发生。"

在得到政治解决后，大平为了说服国内舆论，过得非常苦恼。他需要阻止警察厅弄清真相，他说："虽然不能说已经解决得十分彻底，但这也是我们做出最大努力的结果，希望国民给予谅解。"（真锅，2000，359页，古野，2007，179—193页，服部，2009b，1—6页，中江，2010，163—166页，森田，2010，123—124页，町田，2011，98页，老川，2012，72—78页）[17]

田中将金大中事件委托给了大平，大平通过政治方式解决了该事件。大平自池田内阁时期就与金钟泌关系密切。他明白政治解决并不是光明正大的方式，但他更注重日韩关系的长期稳定。此事件后，63岁的大平添了很多白发。[18] 田中也担心金大中事件会造成日韩关系的停滞。[19]

这个决定遭到了在野党"韩国显然是侵犯了日本主权"的批评。大平称："日韩关系有着不幸的过去，在这个过去面前，怎么说公正都会没有说服力。但日韩两国是独立国家，互相平等，因此考虑到长久的友好关系，还是需要尽量努力寻求公正的解决。"

大平所说的"不幸的过去"指的是"日韩合并"（指1910年大日本帝国基于《日韩合并条约》将大韩帝国并合之事——译者注）。对于韩国来说，"日韩合并"才是真正的侵害主权，其程度和影响之大是和金大中事件无法比拟的。大平将日韩关系比喻为佛教中"业"的概念，他认为日韩关系有着"不幸的过去"，再怎么努力也不会轻易变好。有传言说朴正熙也参与了绑架事件，但大平并没能掌握真相。

韩国方面希望得到日本的经济援助。11月，第七届日韩定期部长级会议在东京召开后，田中内阁着手准备重启对韩援助。（刘，2012，237—240页）。

3 联合国·北方四岛·石油危机

重访莫斯科

1973年9月23日，大平出发前往美国。此次出行的目的是在联合国大会上发表演讲，并访问意大利、英国、西德和苏联，他在伦敦和田中汇合。大平非常重视联合国大会的演讲和访问苏联。并且认为苏联是头等重要的，为此吸取了一年前的教训做了充分的准备。此次出访将近20天，一直到10月11日才回国。

9月24日,大平在纽约与韩国外交部长金溶植、美国国务卿基辛格进行了会谈。不过重点还是25日的联合国大会的演讲。演讲主要围绕与北越建交、印度支那形势等问题。

> 我国在签署了巴黎和平协定这一新的国际形势下,于9月21日同越南民主共和国(北越——引者注)建立了外交关系。我相信,我国与越南民主共和国的外交关系将会对未来的印度支那地区的和平与稳定做出巨大贡献。

大平还在演讲中提到日中邦交正常化、朝鲜半岛的南北对话等,称"这一年的新动向表明,亚洲正在进入寻求稳定的新秩序和繁荣发展的新时代"。他还表明将为联合国重建财政贡献1000万美元。

时隔三年的日本首相在联合国的演讲大获成功。在规定的30分钟后,大平还接受了美国、印尼等代表团的握手致意。然而,对于即将访问的苏联,他却只字未提。在记者招待会上,大平说:"日本也该走出看其他国家脸色行事的时代,到了该表达自己主张的时代了。"(《朝日新闻》1973年9月25日晚报,26日,26日晚报,佐道,2008,266页,升,2011,33页)[20]

联合国大会结束后,大平前往罗马,出席第三次日意外务大臣定期协议会议,与外交部长莫罗就亚洲的美国军事力量、欧洲一体化、中苏关系等问题交换了意见。当天晚上,大平和利昂纳总统、鲁莫尔首相讨论了核技术合作、对美关系等问题。[21]

大平在伦敦与田中汇合,10月1日与英国首相希思举行会谈。主要是田中发言,双方讨论了加强日欧美关系、朝鲜半岛和东南亚形势、北海石油等问题。(山本2012,166页,2013,166—167页)[22]

大平和田中来到西德,大平在10月5日出席了第六次日德外务大臣定期协议会议。大平和外交部长谢尔就 EC 的通货问题、日欧贸易、"印度支那"形势、对华关系、苏联外交等问题交换了意见。大平说："访问苏联我们也没有抱太多幻想，但既然要去，还是要就一些悬案进行商讨。""悬案"当然包括北方四岛问题。[23]

10 月 6 日，大平和田中在法兰克福郊外的克朗伯格城堡休息时，接到了埃及和叙利亚偷袭以色列的消息。这是第四次中东战争以及石油危机的开始。

晚餐后，大平和田中以及其他官僚为第二天的访问苏联开了碰头会。大平不断向外务省官僚提问，而田中则闭着眼睛，时而抿一口白兰地。大平提醒田中"喂，你有没有在听"时，田中就点点头说"在听在听"。大平精心准备了田中在会议开始时的发言稿。正式会谈的主角是田中，但背后的指挥是大平。大平在外务省官僚面前显得非常可靠。（新井弘，2000，80—83 页，藤井，2000，164 页，岩见，2010a，71 页）

大平和田中来到莫斯科，于 10 月 8、9 日和总书记勃列日涅夫、总理柯西金、外务大臣葛罗米柯进行了四次会谈。日方由田中发言，讨论了北方四岛、西伯利亚资源开发等问题。田中强调"和平条约的前提是解决四岛问题"。

但勃列日涅夫将话题转到了西伯利亚开发，展开地图，强调其资源的丰富。会谈中，勃列日涅夫几度接到关于中东战争的小条子，葛罗米柯甚至中途离开，会议气氛整体非常散漫。大平另外还与葛罗米柯进行了外交部长会谈。（新关，1989，206—212 页，若月，2006，57—67 页，栗山，2010，210—211 页）[24]

日苏首脑会谈虽然过程艰难，但取得了巨大的成果。10 月 10 日，田中和柯西金签署了日苏联合声明，也得到了勃列日涅夫北方四岛问题尚未解决的说法。先前苏联一直将领土问题定义为已得到妥善解决，这无疑是打开了突破口。大平称苏联接受了双方"对诸问题展开磋商"的说法，而不是"交换了意见"。大平和葛罗米柯签署了候鸟保护条约、科学技术合作协定、文化交流实施协定。

大平为了这一天的到来，从几个月前就召集相关课长，做了充分的准备。由于大平和田中之间的盟友关系，首相官邸和外务省之间的沟通堪称完美。这与17年前的鸠山一郎首相时期形成了鲜明的对照。大平和田中在归途的日本航空专机上举杯庆祝，开始遐想未来的日苏关系。(《著作集》四，140页，新井弘，2000，40、65、99页，公文等，1990，327页，森田，2010，126页)

石油危机

回国后，大平马上开始应对石油危机，与阿拉伯国家大使、基辛格等人在东京进行会谈。田中、通商产业大臣中曾根等大部分官员都持有偏向阿拉伯国家的态度，而大平还是促进了日美合作。这一次大平竟和田中唱起了反调。

大平主张："既然是产油国，不出售石油就不可能维持下去，像日本这样需要大量稳定进口石油的国家，对它们来说当然也是重要的客户。"《著作集》一，89—91页，四，144—155、485—491页，柳田，1982，59、71—72页，大河原，2006，258—259、266、274页，高安，2009，152—158页，森田，2010，127—129页)

大平认为石油危机时的价格，只要发达国家团结起来不允许涨价，产油国就会陷入困境。重要的是发达国家不被产油国分裂。[25] 大平从外务省的经济局长宫崎弘道那里得到了不少建议，但"大平·宫崎线几乎要孤立了"。(政策研究大学院大学 C.O.E. 口述政策研究项目，2004b，152—155页)

大平反对修改中近东政策，但外务省内部意见也不统一。中近东非洲局长田中秀穗的立场和大平接近，但事务次官法眼晋作、中近东课长山本学都偏向阿拉伯国家。11月6日，官房长官二阶堂进发表谈话，表示了对阿拉伯友好的态度，但阿拉伯各国并没有回应。

11月14日，基辛格在出访中东后返美途中来到了日本。他从羽田机场直接来到外务省，说明石油消费国需要团结。大平说："日本不会轻易改变最根本的对外政策"，但也不得不说明国内的情况。

大平还出席了11月15日的田中、基辛格会谈。田中认为要确保石油供应，不得不对阿拉伯国家持友好态度。在中东外交方面并没有和基辛格达成一致。田中表示，"日本80%的石油都从中东进口"，既然美国无法承担这个数量，"政府必须尽快做出应对"[26]。于是大平向中近东非洲局发出指示，在事务方面要"做出一个日美双方都能满意的方案"。

第二天，大平联系田中说："外交的事情是我的工作，交给我好了。"但田中在财经界的要求下，让大平警告占领阿拉伯国家的以色列。大平为此准备了声明，声明中明确了对阿拉伯国家友好的立场。11月22日，这一声明作为第二次二阶堂谈话发表后，阿拉伯国家决定对日本的石油出口量维持现状，日本免于石油供应量的削减。

大平向日本驻美国大使安川壮发出训令，要求他在发表声明前得到美国的理解，以避免美国的反对。12月，副首相三木武夫作为特使访问中东地区。（Kissnger，1982，pp.744—745，中曾根，1992，289—297页，1996，274页，2000，308—309页，2004，102—106页，NHK采访小组，1996，44、73—74、97—102、117、125—130页，池上，2008，174—189页，白鸟，2011，79—80页）

1974年2月，大平前往华盛顿，10日与基辛格碰头后，11日至13日出席了石油消费国会议。这次会议也被称为"能源·华盛顿会议"。会议主旨是发达国家需要团结一致，节约石油并推进新能源的开发。出席会议的有美国、日本、欧洲等十三个国家，以及OECD和EC的代表。（Department of State，2011，p.893）

会议中基辛格强调了西方世界的团结，而法国外交部长若贝尔重视与产油国的对话。大平主张："在能源、石油问题中，我们现在最需要的是作为'同一个世界'加强我们之间的联系。如果此次会议能够为加强联系做贡献，就一定有非常大的意义"，希望美法两国达成共识。[27]

基辛格在会后向大平表达谢意时说："大平的话起到了建设性作用。"[28]

会议结束后，各国副部长级人物组成的能源协调小组继续就该问题展开磋商。11月，国际能源机构正式成立。该机构规定，将石油的储备量增加到90天，紧急时互相分享石油。国际能源机构简称IEA，成为OECD的下属机构。（《著作集》四，155—172页，公文等，1990，330—331页，安川，1991、210—211页，村田，2008，235页，白鸟，2010，21—28页，山本，2012，170页）[29]

大平在关西经济联合会的演讲中回顾了此次会议。

> 2月11日至13日，我在华盛顿出席了尼克松总统召集的国际能源会议。（中略）我们认为，日本受到的打击是最大的。但其他国家并不认同，反而认为，像日本，有着吸引人的技术。组织力以及稳定政府的国家，理应可以轻易克服此次危机。而做不到这些的国家才是真正受到威胁的。（《著作集》四，499—500页）

大平的追求不单单是日美合作，而是石油危机后稳定的国际秩序。此时，综合安全保障的构想已经有了萌芽。

2月的访美带来了意外的收获。关于第二次二阶堂谈话，大平要求驻美大使安川与美方"协商"。然而，安川得到的信息是向美国"通告"二阶堂谈话。"通告"和"协商"词义大为不同。调查后发现，是事务次官法眼有意修改了大平的训令。法眼站在对阿拉伯国家友好的立场，想要与美国保持一定的距离。

大平得知真相后，火冒三丈。大平的信念是尊重对美关系和规则，因此回国后在没有告知田中的情况下就替换了法眼。大平两次担任外务大臣，这一次是他最沮丧的。不过田中的想法更接近于法眼，他很伤脑筋，说道："大平这样做也太鲁莽了。"（政策研究大学院大学 C.O.E. 口述政策研究项目，2004b，153—155 页）[30]

4　日中航空协定

与周恩来的重逢

1974 年 1 月 3 日—6 日，大平在访美前来到北京。当时日本对华政策的课题是贸易协定、航空协定、海运协定和渔业协定。在这四个实务协定中，贸易协定的谈判在邦交正常化前就已开始，使得此次谈判非常顺利。具体条文已在上一年 12 月确定[31]，大平和外交部长姬鹏飞于 1 月 5 日签署了协定。

但航空协定的谈判却困难重重。中方提出，不能和台湾的中华航空使用同一个机场。不仅如此，中方表示不承认中华航空这一名称，不同意使用台湾旗帜、台湾飞机的"以远权"，即从日本出发前往第三国或从第三国飞往日本的权力。然而日方约定和台湾进行民间交流，无法阻止台湾班机的起降。[32]

通常，政府间协定是事务层面进行处理的，外务大臣不会直接介入。然而，日中航空协定涉及台湾问题，因此争议很大，所以被提高到部长层面。大平在与中国的协商、国内的调整方面，起到了非常重要的作用。[33]

这几年，每天大约有 1500 名日本人访问台湾。台方称："不必屈服于中共的说法，影响现在的日华航空关系。"[34] 与大平关系亲密的外务政务次官水野清在大平的同意下,希望在马尼拉会见台湾政府相关要人,但自民党台湾派的玉置和郎、藤尾正行等人给台方施压,会谈被迫取消。[35]大平被认为是亲华派,与台湾派议员的鸿沟逐渐加深。

大平访华名义上是为了签订贸易协定,但他最大的目的是在航空协定问题上取得进展。大平对前外务大臣藤山爱一朗说:"航空协定由我去北京谈妥。"(藤山,1976,220页,孙,1987,206—207页,1998,158—159页,中江,1997,130页)

1月3日傍晚,大平乘坐经由香港的专机来到北京。大平在前一年年末得了重感冒,访华途中还由于肾结石出现血尿。访华期间大平在医护人员的照顾下出席了多个会议。(小川,1977,23页、40—42页,新井俊等,1982,189页,真锅,2000,357页)

1月4日清早,大平便和姬鹏飞举行了会谈。谈到航空协定时,大平说道:"如果情况允许,还想就日中和平友好条约进行非正式谈判。"[36]

中国为了对抗苏联,想要和日本缔结和平友好条约,而大平将和平友好条约作为航空协定谈判的筹码。对于日本来说,和平友好条约并不那么着急。因此外务省亚洲局也有人批评大平在这个阶段亮出了底牌。(中江、1991、55页,2010、172—173页)

1月4日下午,大平和周恩来举行会谈。周恩来称:"台湾非常依赖日本,所以台湾不得不听日本的意见。"他要求日本在航空协定中重视中国,这令大平十分为难。[37]

回到迎宾馆后,大平向秘书表达了他的决心:"我是一点都不会让步的。哪怕无法贯彻我方的主张,双方无法达成一致,该说的我还是要说的。"当天晚上,大平在人民大会堂参加了周恩来举办的晚宴,和周恩来、姬鹏飞举杯交谈。大平酒量不行,但这一天却喝了很多,周围人非常担心。这一天,大平凌晨5点才上床睡觉。(真锅,1976,162—163页)

1月5日上午8点半,大平会见毛泽东、周恩来等中方领导人。[38]毛泽东很少一大早会见外宾,大平也是临时得到的消息。大平独自与毛泽东会面中毛泽东谈论来自苏联的威胁。毛泽东主张的是将反苏"一条线"扩大为面的"一大片"构想。毛泽东表示,为了对抗苏联的扩张主义,中国会与美国和日本加强团结。

毛泽东对周恩来说:"航空协定啊,中方稍微让一点可不可以呢?"这句话对大平非常有利。(小川,1977,67页,真锅,2000,358页,宫,2002,75页,近代日本史料研究会,2008,202页,川岛等,2009,133—134页)

上午10点40分,大平出席了第二次外交部长会议。会议主要焦点是如何处理日台间的航空关系。姬鹏飞道:

"为了明确民间航空往来的内涵,希望日台之间缔结民间协定,并在这个过程中明确原则问题。"

大平反驳道:

"原则上日本和中国持相同意见。既然已实现邦交正常化,这个原则我们一定会遵循。然而,我们并不认为日方以往的说法就违背了这个原则。"

大平认为日台关系就是民间交流关系,日本和中国的理解没有隔阂。但姬鹏飞却有些迟疑,称:"按照您的解释我没有信心说服周总理。"两人的会谈长达两个小时。[39]

当天晚上,日方举办了答谢宴会。宴会结束后,疲惫不堪的大平在半夜11点半开始再度与周恩来进行会谈。

大平再次明确了日本的立场:"维持日台间的实务关系。"

"如果我们答应中方的要求,日本政府可能不得不拒绝中华航空的起降。然而,日中邦交正常化时,日本政府·自民党决定维持日台间实务关系,也是这样向国内各方解释的。因此我方无法提出拒绝台湾航班。如果这样做，就意味着政府违反了与国民的约定，会遭到来自各方的批评。"

虽然大平决定与台湾断交，但他认为日台间的航空关系是需要维持的，而且中国也应该承认。大平似乎做好了谈判破裂的思想准备。

听到大平如此坚定的语气，周恩来也只能回答："希望日本政府从大局考虑，做出判断。"抱病谈判的大平的魄力，让周恩来都有些退缩。会议持续了两个小时，结束时已到了1月6日的凌晨1点。（中共中央文献研究室，1997，642页，政策研究大学院大学C.O.E.口述政策研究项目，2005，上卷，289—298页）[40]

"用自己的政治生命"

1月6日上午，大平在与姬鹏飞的会谈中突然说了"离别感言"。关于离别感言，大平后来这样写道：

> 日中航空协定先后进行了三次谈判，但毫无实质性的进展。最后我决定回国，向中方表达了离别之意，然后回到了房间。（中略）（不过第二天情况大变，我们达成了共识）

中方对这个离别之言非常惊愕。正如大平"情况大变，达成了共识"的记载，中方在大平回国前做出了妥协。中方提出：台湾航班利用羽田机场，中国航班利用成田机场，其他关于台湾飞机的规定遵照日本政府的声明，基本认可了日方的主张。中国之所以做出妥协，是因为大平的"离别感言"比之前预定的回国时间来得早。（《著作集》一，87页，国广，1994，388—389页，松永，2002，72—74页，近代日本史料研究会，2008，203—204页，小仓，2010，49—52页）

大平并不是为了让中国妥协，才故弄玄虚说出"离别感言"的。他的"离别感言"是发自肺腑的。

上文中提到,有些政治家哪怕是让步,也想达成共识,让自己多一项成就,但大平却不同。他认为外交承载着国家的利益,并不属于某一个人。与其做不合理的让步,不如继续谈判,哪怕自己在任期间无法达成共识。这一判断和曾经与美国做纺织品谈判时的姿态完全一致。(菊池、2000a,105页,2000b,376页,藤井,2000,167页)

谈判结束后,大平已精疲力竭,在回程的专机上直接躺倒在过道上。回国后病情加重卧床不起。不过,条约局长松原信雄来看望他的时候,大平反而安慰了他:"哪怕我就这样起不来了,也一定要签署日中航空协定。你们一定要有不屈不挠的意志。"(松永,2002、75页,近代日本史料研究会,2008,201、204页)

后来大平病情虽好转,但祸不单行,1月12日世田谷区濑田的自家住宅失火,全部被烧毁。当时大平为了参议院补缺选举,在老家香川做声援活动。

秘书给他打电话说:"大臣,您家失火了。"大平平静地回答:"是吗。人没事吧?"在公开场合记者询问此事时,大平故作开朗,回答说:"据说中国称火灾为祝融,也就是重打锣鼓另开张之意。"但他内心很沮丧。(公文等,1990,333页,藤井,2000,168页,木村贡,2006,114页)

之后一段时间,大平暂时住在大仓饭店,主要工作是调整自民党内部的言论,但受到以滩尾弘吉会长为首的日华关系议员恳谈会的施压。恳谈会于1月18日召开紧急总会,一致认为大平的方案"否定了中华民国国民政府的存在"[41]。

大平在日中航空协定谈判时考虑到了台湾,但青岚会议员却反驳说大平伤害了台湾的尊严。大平在自民党外交委员会、总务会上遭到围攻,应对着持续不断的批评。(栗原,1990,20—22页,岩手放送,1991,164—166页,加藤,1994,269页,近代日本史料研究会,

2008，204—206页）

日中邦交正常化时，日本政府得到了各界的祝福，但这次内外的环境严峻很多。田中的势力也大不如前了。（中野，1982，179—187页，萧，1997，173页）

外务大臣秘书不堪忍受，对大平抱怨道："田中总理完全没有保护我们啊，到底能不能信赖呢？"大平毅然决然道："田中和我的事情，交给我们就行了。"[42]此时田中在大平的要求下，正在为维持日台航线与各方面沟通。首相秘书称：田中成了"支柱"。[43]

大平下定决心："日中航空协定无论如何都要签署。我比看上去的要顽强得多。无论前方有什么困难都一定要实现。"并对大平派的栗原祐幸说："虽然我不是幕末的井伊大老，但哪怕粉身碎骨也要完成使命。"由于中方已开始妥协，双方还是有很大的可能性达成共识。（栗原，2007，40页，宫本，2011，63页）

3月31日，大平向外交部长姬鹏飞写了亲笔信："在日台航线方面，我诚心诚意按照1月6日与贵部长达成的共识去办事，为了早日签署日中航空协定，我用自己的政治生命在努力。"（姬，1994，380页）

大平还去访问了政治上最大的对手佐藤荣作，为了应对台湾派寻求他的帮助。两人一直非常疏远，但这次佐藤却说："大平啊，外务大臣一旦做了决定，就不能轻易更改啊。要是有我能做的事情我一定帮你。"大平还与自民党三首脑展开了磋商，在航空协定方面得到了他们的理解。（竹下，2001，287—288页）

在讨论了细节问题后，当年4月20日，驻华大使小川平四郎和姬鹏飞在北京签署了日中航空协定。（李恩，2001，82—83页）[44]

同一天，大平发表谈话称："不承认台湾飞机上的旗帜标志代表着国旗，也不认可'中华航空公司'为代表国家的航空公司。"5月7日、15日，日中航空协定分别在众议院、参议院得到通过。自民党内部批

评的声音也很多，青岚会的议员大多没有参加决议。（霞山会，2008，54页）[45]

在缔结日中航空协定前，大平将谈话内容转达给了台方。关于日台航线，大平持"通过民间的协议来维持"的方针。

大平还强调，虽然"不承认台湾飞机上的旗帜标志代表着国旗，也不认可'中华航空公司'为代表国家的航空公司"，但"日本政府没有打算让贵方或第三国也承认这一认识"，也"不强求贵方变更'中华航空'这一名称"。[46]

然而台方却认为大平谈话伤害了台湾的尊严，随即停止了日台航线。[47]

虽然这个结果和大平当初预想的完全相反，但台湾在1975年7月三木武夫内阁时期同意恢复日台航线。这是因为外务大臣宫泽喜一在国会中修正了大平谈话，称大多数国家承认台湾的青天白日旗为"国旗"。（黄自，2003，96页，清水，2009，120—121页，陈，2009，109—112页，福冈円，2012，88—92页）[48]

日中航空协定是大平作为外务大臣最后的一项重大工作。大平推进了务实协定的缔结，使得日中关系进入一个新的阶段。

第六章　来自国内外的危机
——田中、三木内阁大藏大臣，自民党干事长

1 "核密约"与货币外交——大藏大臣

第五十位大藏大臣

日中航空协定在国会通过后，大平于1974年（昭和49年）5月21日在华盛顿与尼克松总统进行了会谈。谈话中印度的核试验成为主要议题，对此大平明确表示日本不会开发核武器。（黑崎，2006，253页）

这天，大平出席了在纽约举办的JapanSociety晚宴，并发表题为"永续的羁绊"的演讲。

> 我国将采取以下方针，即自卫队的功能限定在专守防卫的基础上，终极安保方面继续依赖美国的威慑力。有些人猜测我国在能源危机的冲击中开始考虑重新大规模发展军备，甚至是开发核武器，但是我在这里再次重申我国的防卫政策以强调这样的猜测是毫无根据的。

大平再次否认了对日本开发核武器的"猜测"。大平从未考虑过拥有核武器。[1]

在7月7日这一天，田中内阁在参议院选举中惨败，同时田中本人在此次选举中被批"企业介入选举"，其人气一落千丈。三木副总理与

大藏大臣福田相继辞去阁僚职位后，复杂困难的财政问题便落在了接替福田的大平身上。

大平回忆称："继三木副总理辞职，福田藏相也离开了田中内阁，我作为其后任突然从外务省被调到了大藏省，主管石油危机后紧迫的财政问题。"大平成为第50位大藏大臣，而外务大臣由木村俊夫接任。（《著作集》一，93页）

"解决核问题"

时隔22年大平再次回到大藏省。他在9月25日至10月8日出访加拿大和美国，其主要目的是出席在华盛顿举行的国际会议。当时全球经济向浮动汇率制转型，各国频繁举行由财政部长参加的国际会议。

大平在华盛顿举行的IMF世界银行年度总会中发表了关于货币改革与日本经济的演讲，并与国务卿基辛格共进午餐。基辛格提到大平在2月成功参与了石油消费国会议一事，并称："你是我推荐的，有朝一日一定会成为首相。"（《著作集》四，536—543页，六，318页，丰田，2009，228页）[2]

大平访美前从美国传来了令人震惊的消息。美国退役海军少将Gene La Rocque在9月10日的美国议会中证实了美搭载核武器舰船停靠日本港口时不会卸下核武器一事。雪上加霜的是，立花隆的《田中角荣研究——其金钱关系与人脉》一文刊登在10月10日出版的《文艺春秋》11月号上。田中在核与金钱问题上陷入了困境。

田中一直对无核三原则中的"不运进"是否还可以保持现状持怀疑态度，而外务大臣木村也关心着相同问题。田中、木村在Rocque的证言以前便一直对"不运进"持怀疑态度。[3]同时田中早已从外务省的木内昭胤秘书听说了"核密约"一事。[4]

大平在他第一任外务大臣时期便与"核密约"有很深的接触，在前往高尔夫球场的路上依旧自言自语念着"introduction"。当确定田中内阁下台时，大平便开始了行动。他向面临总辞职的田中提出大胆提议，让他公开发表"核密约"。"田中内阁毫无疑问要彻底总辞职，不如借这个机会解决此事不给任何人添麻烦。"大平认为要想重新获得国民的信任只有这么做了。

10月26日至11月11日，木村访问非洲期间，大平在国内成为临时代理外务大臣。而根据秘书森田一的日记记载，大平兼任代理外务大臣是"为了暂时解决核问题"。

10月末，大平"在大仓酒店与外务省干部一同商议了核问题"。大平特意避开外务省，将外务事务次官东乡文彦、官房长官大河原良雄、条约局长松永信雄、美国局长山崎敏夫召集到酒店，共同商议了公开"核密约"一事。森田在日记中还写道，"田中总理似乎已决定将此问题解决后离任"，同时田中也对大平表示了一定理解。

大平向东乡、松永等人传达了核问题的基本方针。松永的记录如下：

（大平）提出了在田中、福特会谈中日美之间就核问题进行协商的意见，并希望与美国的事务性交涉在会谈前进行，要在福特到达日本后临时国会召开前结束交涉，等待田中总理及木村大臣回国主持已来不及，大平提出作为大臣（大平）在其职责范围内开始着手并指示尽快制定出具体方案。

10月28日至11月8日期间，田中访问了新西兰、澳大利亚、缅甸，而福特总统访日定在了11月中旬。田中和木村不在国内时，大平在其"职责范围内"从事务层面指导对美交涉，试图在福特访日期间解决核问题。[5]

然而，11月26日，田中并未提及"核密约"便发表了辞职意向。未公开"核密约"是因为田中还期望再次回到政坛。

虽然大平的设想未能得以实现，田中保持了其政治生命，最终也促成了大平夺得天下。而对于大平来说，作为代价换来的是一生被"核密约"所困扰。(《朝日新闻》1986年8月24日，堀越，1989，112、116—119页，岩见，2010a，123页，波多野，2010，199—200页，森田，2010，66—272页，折田，2011，513页）

留任大藏大臣与货币外交——三木内阁

将田中内阁直逼到悬崖边的是《文艺春秋》11月号刊登了立花隆的《田中角荣研究》，同时还刊登了儿玉隆也写的以田中的秘书佐藤昭为题材的文章《越山会的寂寞女王》。

就在《文艺春秋》发行的前一刻，大平听说上面会刊登田中的钱权交易丑闻特辑，对此他不安地谈到："不实际看一下也不知道写了什么……我估计他们也是胡乱写的吧。"

而事态却超过了他的预想并不断恶化，田中因此生了病。大平曾对自己的亲信说："只有我才能收拾田中的残局。"11月26日，田中公开其辞职之意后，党内便开始了围绕下一任总裁的博弈。大平考虑采取总裁公选的方式，因为大平派与田中派连手，获胜的可能性是很大的。

然而副总裁椎名悦三郎却在12月1日公开了指任三木武夫为下一任总裁的决定，三木最终被选为注定成为总理的总裁。椎名曾向大平提出："到明年7月的公选前就暂定椎名为总裁如何？"却遭到了大平的回绝。(木村贡，2006，119—120页，伊藤，2009，上卷，142、152—156页）

大平虽在三木内阁留任大藏大臣，却表示与三木"分歧不断"。在一次谈话中大平评价三木"与我完全不同"。

> 说直白点，三木有一些地方是与我完全不同的。自从掌权后，他变成了一位自负心非常强的人。（中略）他认为自民党已经腐朽，而能够改革的只有自己（三木——引者注）。我认为无论是自民党还是其他党派都是由人组织形成的，并不是多么伟大的组织，伟大的东西在这世界是不存在的。所以我认为他说的改革是虚无的。（《著作集》六，389—390 页）

面对通货膨胀和政府收入不足的问题，大平决定发行赤字国债。"当时民间投资与需求都处于冷淡时期，只能靠财政来支撑国家经济了。（中略）需要找出国营铁路、大米收购和国民保险等行业赤字严重的原因，采取针对性措施消除或减少这些赤字。"

通过发行国债来维持财政其实是有违大平本意的。大平一直提倡的是没有赤字，拥有健全财政的小政府。大平坚持将赤字国债的时限定在一年，而事实上大藏省原本所希望的是五年。[6]大平随即发表了"财政危机宣言"，不顾在野党的反对提高了烟酒的税收。（《著作集》一，94—95 页，小粥，2000，178—185 页，若月，2012，48—49 页）

当时外交方面，日中友好条约的交涉一直停滞不前。但大平对此非常积极，他自众议院议员保利茂处听取了周恩来总理的意向，而保利曾在 1975 年 1 月 15 日访华。另外大平在 4 月 30 日与保利、前首相田中、参议院议长河野谦三会面，在进一步推进日中交涉上达成了共识。（栗原，2007，42—52 页）

大平作为三木内阁大藏大臣多次出访国外。他不仅参加财长会议，与三木一起还参加了法国和波多黎各举办的峰会。1975 年 8 月下旬，大平担任了华盛顿十国财长会议的议长。大平说："大藏省不得不成为险恶的货币外交的众矢之的。"

大平曾这样形容国际会议的重要性：

美元从黄金脱离、全球货币制度变为浮动汇率制，使得资源危机不断加剧，从此由各国财政部长举办的国际会议逐渐频繁起来。越来越多的国家出现国际收支危机，这些国家开始向IMF、友好国邦交国求助。OPEC国家存在的美元循环问题也已经到了不能置之不管的程度了。在这样的大背景下，IMF的增资和援助成为当务之急。美、德、日、英、法五国的财长与中央银行总裁频繁会见，共同协商并制定对策。（《著作集》一，95页）

而这时大平与美国财政部长西蒙及副国务卿英格索尔进行了会谈，共同协商了石油问题、未来经济展望、增加对亚洲开发银行的资金投入、即将举行的峰会上如何对待货币问题等内容。[7]

11月中旬，大平与三木一同参加了在法国举行的第一次峰会。他还参加了在该地区举办的财长会议。在货币问题上，大平与大藏省认为浮动制符合市场的实际情况，并希望转年1月在牙买加举行的IMF临时委员会上得到各国的认同。大平此时虽然在会议上鲜有突出表现，但这一经验在四年后他主持的东京峰会上发挥了极大的作用[8]。

担任三木内阁大藏大臣时的外访

1975年1月12日	为出席IMF·世界银行开发委员会等会议离开羽田机场，抵达华盛顿。
13日	出席发达国家五国财长会议（华盛顿）。
14日	出席发达国家十国财长会议（IMF）。
15—16日	出席IMF临时委员会。
17日	出席IMF·世界银行开发委员会，离开华盛顿，抵达火奴鲁鲁。
18—19日	离开火奴鲁鲁，抵达羽田机场。

4月7日	为出席OECD会议,离开羽田机场。
8日	抵达巴黎,与法国财政部长福卡德会谈。
9日	OECD金融支援基金协定会议。
10日	与法国总统希拉克会谈。
11—12日	离开巴黎,抵达羽田机场。
8月28日	为出席IMF总会,前往美国。出席纽约日本商工会议所举办的晚宴。
29日	与纽约金融街首脑共进午餐(华尔街俱乐部),抵达华盛顿。
30日	担任十国财长会议的议长。在大平主办的十国财长晚餐会上讲话。
31日	出席IMF临时委员会。
9月1日	参加IMF年度总会,开幕式,年度讨论并发表演讲。在大平大藏大臣主办的亚洲太平洋各国总务午餐会上讲话。
2日	离开华盛顿,抵达洛杉矶。拜访美国加利佛尼亚大学教授汉斯·贝尔华德。
3—4日	离开洛杉矶,经停火奴鲁鲁,抵达羽田机场
11月13日	与出席西方七国首脑会议的三木首相一起离开羽田机场。
14日	抵达巴黎,访问法国财政大臣福卡德。
15日	出席首次西方七国首脑会议(朗布依埃会议)。
16日	出席各国财长会议,探讨共同声明,在首脑会议中中途离席。离开巴黎。
17日	抵达羽田机场。

第六章 来自国内外的危机——田中、三木内阁大藏大臣，自民党干事长

1976年1月4日	离开羽田机场，抵达迈阿密。
5日	出席迈阿密名誉总领事举办的晚宴。
6日	离开迈阿密，抵达牙买加金斯顿，与美国财政部长西蒙会谈，出席十国财长会议。
9日	与加拿大财政部长麦克唐纳德会谈，出席IMF·世界银行共同开发委员会。
10日	离开金斯顿，抵达墨西哥城。
11日	出席墨西哥财长举办的宴会。
12—13日	离开墨西哥城，经停洛杉矶，抵达羽田机场。
6月25日	为出席在波多黎各圣胡安举办的第二次西方七国首脑会议，离开羽田机场，抵达洛杉矶。
26日	离开洛杉矶，抵达波多黎各·圣胡安。出席美国总统福特举办的宴会。
27日	首脑会议。
28日	首脑会议，发表共同声明，举行共同记者招待会。
29日	离开圣胡安。
30日	抵达比利时·布鲁塞尔。出席西堀大使举办的晚宴（于大使官邸）。
7月1日	与比利时财政部长De Clercq、EC委员长奥托利会谈。
2—3日	离开布鲁塞尔，抵达羽田机场。

出自：《著作集》七，408—415页等

2　与福田赳夫的对决——干事长

"大福密约"

1976年2月5日，从华盛顿传来了一个震惊政界的消息。在美国上院外交委员会的公共听证会上曝出了洛克希德行贿丑闻。

2月23日，众参两院决定向美国要求提供洛克希德事件的相关资料。三木向福特总统发出亲笔信，要求公开包括有关人员名单在内的资料。大平对三木写亲笔信一事表示不满，说："明明可以交给实务人员去处理，何必非要当作政治问题来复杂化。"（公文等，1990，366页）5月5日，大平与田中会面。田中说："M（三木——引者注）一定会用一切办法去维系他的政权"，同时提议说："应该促进O（大平——引者注）和F（福田——引者注）的会谈。"田中一直对三木有所警惕，要求大平和宿敌福田进行会谈。（《著作集》七，120—121页）

半个月后，大平接受了有关洛克希德事件的采访。他说："不能原谅有些人钻法律的空子，但是同时又要避免听信一面之词而使人蒙受冤屈。"

这时大平要求"在报纸刊登前提前给我看一下"。查看文稿后，大平缓和了发言语气，改成了"一旦明确了哪些人钻了法律的空子，我们当然就要对其采取一定措施。但是也不能听信一面之词就冤枉好人"。大平这么做是暗中保护盟友田中。（《东京新闻》1976年5月26日，宇治，2001，323页）[9]

7月27日，田中被警察逮捕。就在这天的夜里，大平对自己派系的栗原祐幸说了如下一段话：

> 今天对我来说是非常伤感的日子。我连做梦都没有想到田中君会因为收了国外的金钱而被逮捕。我还是池田内阁的官房长官时，

第六章 来自国内外的危机——田中、三木内阁大藏大臣，自民党干事长

美国的CIA曾提出过为了选举可以给我提供资金。

虽然当时我很需要钱，但是却十分清楚不能接受外国的金钱。关于这个事情，我和田中君也谈过，当然他也非常同意我的观点。更因为如此，如果田中君真的收了钱，那真是一件令人伤心的事情。我很后悔当时没有能对他更强硬地嘱咐这个事情。

大平说："虽然非常想去看望他，但是现在作为公众人物还是不去为好。我的妻子今晚会去看望他的妻子。"（栗原，1990，162—163页）

他对田中再三说过不要动外国的钱，因此发生这样的事情对大平来说是极为痛苦的。但是大平仍和新闻记者说："田中是我的至交，我们之间的友谊是不会改变的。我不会因为他和洛克希德事件有牵连而疏远他。"（《著作集》六，358、391、525—528、531、573页）据说大平因为田中被捕一事而考虑过与福田接近、脱离田中，即所谓的"大福联合"。但是既然一旦与田中背道而驰就不可能成为总裁，那么就不能公开表明脱离田中。[10]大平和福田联合要求三木退任，并达成下任总裁为福田的共识。12月24日，福田内阁成立，大平任自民党干事长。（栗原，1990，54—59页，福田赳，2007，197页）

据说福田内阁成立前，大平与福田在11月交换了"大福密约"。其内容是大平推荐福田坐三木的位置，条件是将三年任期缩短为两年，并且在两年之后将位置让给大平。

据铃木善幸说，大平说"长幼有序，你来做"，而福田说"不需要两年，一年即可"。虽然也有否定"大福密约"的说法[11]，但是很难想象大平会无条件支持福田。（岩手放送，1991，189—190、219—220页，铃木善，2000，47—50页，五百旗头等，2007，51页，盐川，2009，67页，森，2013，132页）

NHK美国分局局长岛桂次听说"大福密约"的消息后，与大平通

了电话。

"听说你和福田做了约定,这种约定怎么可信!请回忆一下岸信介总理与大野伴睦当时的约定吧。当时岸总理不就是违反了和大野的约定吗?如果想要当总理总裁,现在就应该站出来战斗。"

而大平却说:"岛君,就算被骗了,如果能对国家有益那也是一件好事。"未听从他的劝阻。

岛坚持说"这一点就是你的弱点",最后大平仍然选择了相信福田。(岛,2000,231—232页)

"拥有国家个性的主体性"

成为党首人物的大平率先推行的是当年之内通过预算案。当时的在野党提出了修正减轻所得税的要求。大平则通过进一步加大减轻所得税幅度的做法,1977年3月通过了国会审议。(公文等,1990,398—401页,栗原,2007,62—64页)

大平作为干事长是如何表现的呢?对此干事长室室长奥岛贞雄评价大平为"行动起来的哲学家"。

> 大平的别名叫"钝牛"。这来自他独特的"啊—哦—"的口头禅。就我而言,大平是我跟随的历代干事长中"哲学"气息最浓的政治家。他是一位虔诚的基督教徒,说话总是经过深思熟虑,几乎没有一句错话。从他的话语中可以感受到如慢火熬制的炖肉一样深思熟虑的感觉。除去他的"啊—哦—"他的讲演稿可以说是一篇杰出论文。同时他对学问的钻研也令人钦佩。若将当机立断的田中比喻成"载有电脑的推土机",那么大平可以说是"行动起来的哲学家"。(中略)
>
> "钝牛"这个称号让人认为大平是个粗线条的人,但实际上却

截然相反。其实他是一个细心到日程本上记满日程，甚至将事务局指定的计划都写进日程本里的人。（奥岛，2002，66—68页）

对此大平自己却说："啊—哦—，这是对我的爱称，同时也会成为有损形象的标志。国会答辩上也不够流利，我总是在啊—哦—之间思考回答的内容。"（《著作集》六，570—571页）

大平在家里却是一个直言快语的人。大平对家人解释"啊—哦—"是因为"要让外国人、年轻人、阿公、阿婆、大家都能听懂的语言才可以"。（辻井等，2010，129页）

12月，大平在鹿岛出版会出版了《风尘杂俎》。这本书以"战后的阴影"结尾。

> 战争结束已有三十余年，但国内大大小小的问题上仍残留着罪恶意识的阴影。像这样的国家除了我国以外已经很难见到。（中略）
> 我们应该摆脱这种依赖于充满战争罪恶意识的自虐状态，抑或是躲在避难所的状态。（中略）时代要求我们积极参与到国际秩序中去，并且促进独立且有主体性的国家的形成。

大平确立了"新的主体性"，同时想要"在国际社会上名副其实地恢复成员国地位"。（《著作集》四，270—271页）

当时外交上最大的悬案是日中和平友好条约。1978年4月12日，100艘以上的中国渔船在"尖阁诸岛"（钓鱼岛——译者注，下同。）附近作业停泊，其中有数十艘船侵犯了日本"领海"。在那之前曾有过台湾渔船侵犯"领海"，但是来自大陆的还是第一次。（此段中引号为译者添加）

4月14日，大平在自民党总务会上遭到批判，对此他用以下的话告诫他人：

  日中邦交正常化时关于尖阁诸岛的问题并没有成为正式议题。当时私下中方提出过将尖阁诸岛一事暂时搁置的意见。美国返还冲绳的时候，台湾乃至中国大陆主张对尖阁诸岛拥有主权。但是同时日本每次也都宣称它是我们的领土，也实际占有着。所以只要对方不提及，我们也便没有必要强调这件事。

8月12日，日中和平友好条约在这一天缔结。（《著作集》七，171页，古泽，1988，128、144—146页，栗原，1990，22—23、227—228页，2007，53—54页）

  10月24日，大平在大仓宾馆接待了邓小平副总理的访问。邓小平来访目的是交换批文。大平"对中国近期的建设和日中关系进展顺利表示祝贺"后，邓"对大平干事长等日方的努力表示感谢"[12]。

"文化的时代"——自民党总裁大选

  大平有着官房长官、两次外务大臣、通商产业大臣、大藏大臣、干事长等丰富经历，在众人眼中被视为下任首相最有力的候选人。"大福密约"的两年期限将至，1978年秋天福田就应该让出总裁的位置。

  大平开始构思自己的政权形态。大平的时局观是："我认为不应该再用'经济增长'来看待事物了。应该认为经济时代已经结束。"他认为"应该向着文化的时代、宗教的时代转变"。（《著作集》六，12—13页）

  大平不断描绘自己的"文化的时代"，同时与福田进行了会谈。据森田一回忆，福田虽说过"大平君参选的话我会成为你的推荐人"，"我还是认为应该是大平君来做总理"的话，但是却一直没有明确表态退出总裁大选。大平深深相信了"大福密约"和与福田会谈的内容。

大平派的铃木善幸、佐佐木义武、伊东正义等认为为了预选应该提前巩固选票。但是大平说"不要过分担心","到了秋天风向自然会朝向我们"而没有理会这一事。

1978年10月中旬,事态发生了变化。福田一早致电大平说:"我没有办法掌控自己的阵营了。"福田还推翻了他之前说的话,宣称要参加总裁大选。大平手握话筒,愤怒得涨红了脸。

大平努力平复自己的心情回答说"知道了",挂断了电话。11月27日的总裁预选中,无异于上演"大福决战"。除了大平和福田以外,还有中曾根、河本敏夫提出参加预选。(中曾根,1996,319—320页,栗原,2007,65—72页)

党内部分人士并不赞同干事长参选总裁一职。田中派的田村元等人说这是"迫害主公的做法",对此大平怒斥道:"你们是想让我去死吗?"(近代日本史料研究会,2006a,102页,田村元,2007,12页)

在大平看来,他曾经有好几次当总裁的好机会,但是他却把这个职位让给了田中、三木、福田等人。他感觉到再不取胜,连政治生命都会受到威胁。敌对的福田表示预选中第二名以后的候选人都应该主动退出大选。他敢说出这样的话是因为有十足的把握在预选中获胜。

最后的结果却违背了福田的初衷,大平在预选中获得了第一名。福田获得47万票,而大平则获得了55万票。这背后有田中派的支持。福田退出了大选,最后只留下了一句"上天有时也会糊涂"。

在记者招待会上,大平说道:"有些事情一次便成,有些却等上10年20年都不见得成功。人生真是不可思议啊。"有文字记录称:福田说"没有过'大福密约',但是我也是真切希望大平君可以接任我的职位"。(公文等,1990,47—448页,福田赳,2007,206页)

大平曾谈起过拜访福田时的情景。他写道:"福田总理看起来很放松,就像落下了肩上的重担一样。他先对我两年以来的支持表达了谢

意,又和我约定在各个方面配合我的工作。"(《著作集》七,8页)

大平的主张和福田是截然相反的。大平是小政府论者,他十分重视市场经济,对于政府干预极为谨慎。虽然大平自己很低调,但是也一直认可派系的作用。相比而言,福田充满自信,宣称要解散派系。福田认为政治应该起到最大的作用,甚至说过"政治是最高道德"。(北岗,2008,208—209页)

最终大平战胜了福田,成为了日本政坛上的主角。对于他来说这是一次拖着总裁选举的心结的出征。这一年,大平已经68岁。(近代日本史料研究会,2006b,31、34页)

第七章　寻求环太平洋地区新秩序
——首相

1 "超越现代化时代"

综合安全保障战略与环太平洋连带构想

1978年（昭和53年）11月，大平在自民党总裁大选中描绘了他理想的蓝图——内政上建设田园都市构想并充实家庭基础，外交上实现综合安全保障战略。（渡边昭，1994，128—129页，中西，1997，107—108页，添谷，2005，153—158页）[1]

大平描述综合安全保障为："通过强化经济合作、文化外交等必要的外交努力来实现国家的综合安全。"

> 我国在资源和市场上要依靠进口，所以世界上任何风吹草动都会影响到我国。（中略）所以我们要坚持现有的集体安全保障体制，即日美安保条约与有节度高质量的自卫能力相结合。作为其补充，在内政方面不断充实经济、教育、文化的同时，通过强化经济合作、文化外交等必要的外交努力来实现国家的综合安全。（《著作集》五、170—172页）

11月27日，刚刚就任自民党新总裁的大平作为首相发表了政策纲

要。其中对环太平洋连带构想做如下描述:

> 我国以日美友好为轴心,将与世界所有国家发展友好合作关系。同时就像美国对中南美洲国家、西德对 EC、EC 对非洲各国的特别关注那样,我国当然应该对太平洋地区各国给予特别关注。(中略)因为太平洋地区的发展与世界发展是紧密相连的。[2]

早在兴亚院时期,大平便面朝大海发出感慨:"今后是太平洋的时代了。日本四面环海就更是如此。"大平试图要将四十年前的想法以环太平洋连带构想的概念呈现出来。他这种开放的地域主义,虽然与佐藤内阁三木武夫外务大臣所提出的亚太圈构想[3]有相似之处,但是作为政策课题提出来还是第一次。

12月7日,第一次大平内阁正式成立。担任官房长官的并非是事先预想的伊东正义,而是田中六助。大平虽然让园田直继续留任,但是自己也对外交及安保方面表现出了极大的热忱。大平指导成立了九个研究会,分别研究文化时代、田园都市构想、充实家庭基础、环太平洋连带构想、综合安全保障、对外经济政策、文化时代的经济运营、科学技术的历史发展、关注多元化社会生活等议题。

第一次大平内阁(1978年12月7日成立) *表示兼任

内阁总理大臣	大平正芳	总理府总务长官	三原朝雄*	
法务大臣	古井喜实	国家公安委员会委员长	涩谷直藏*	
外务大臣	园田直	行政管理厅长官	金井元彦	
大藏大臣	金子一平	北海道开发厅长官	涩谷直藏*	
文部大臣	内藤誉三郎	防卫厅长官	山下元利	
厚生大臣	桥本龙太郎	经济企画厅长官	小坂德三郎	

农林水产大臣	渡边美智雄	科学技术厅长官	金子岩三
通商产业大臣	江崎真澄	环境厅长官	上村千一郎
运输大臣	森山钦司	冲绳开发厅长官	三原朝雄*
邮政大臣	白滨仁吉	国土厅长官	中野四郎
劳动大臣	栗原祐幸	内阁法制局长官	真田秀夫
建设大臣	渡海元三郎	内阁官房副长官	加藤纮一
自治大臣	涩谷直藏*	内阁官房副长官	翁九次郎
内阁官房长官	田中六助	总理府总务副长官	住荣作
		总理府总务副长官	秋复公正

出自首相官邸主页 http://www.kantai.go.jp/jp/rekidai/kakuryo/68.html（2013年8月5日查阅）

田园都市构想研究组的组长由国立民族学博物馆馆长梅棹忠夫担任，环太平洋连带研究组的组长由日本经济研究中心会长大来佐武郎担任，对外经济政策研究组组长由东京大学教授内田忠夫担任。这些都是大平亲自指定的人选。

大平采取的方针是以大正年代出生的人为组长，成员则由"年轻人"、"招贤纳士——甚至包括未出名的人才"组成。大平到每个组去巡视时说："你们可以反对自民党，反对权利"，"如果和自民党努力方向一样的话更好了"。

大来组分别于1979年11月和1980年5月提交了中间报告和最终报告。大来也因此在第二次大平内阁中被提拔为外务大臣。事实上九个研究组内只有三个组赶在大平生前提交了报告。（长富，1983，7—14页，2000，388、392页，2005，25—32页，齐藤，1991，119页，山泽，2005，51页，大河原，2006，287—288页，福永，2008，259页，森田，2010，169—173页，寺田，2013，41页）[4]

"超越现代化时代"

历代首相大多都高举解散派阀、政治资金一体化以及政党现代化等口号。大平曾对他的辅佐官说:"虽说要实现(自民)党的现代化,但是现在还提现代化已经过时了。当今的时代应该是超越现代化才对。"

对于三木福田等人通过党的现代化口号获得舆论支持一事,大平一直持批判态度,尤其一直想要凌驾在福田之上。(长富,2000,386页,小西,2011,46—65页,小宫,2013,8—9页,牧原,2013,54—55页)

大平所主张的"超越现代化时代"即是"文化的时代"。1979年1月25日,大平在国会发表了第一次施政方针,称"已从以经济为中心转向重视文化的时代"。

> 战后三十年,我国一直不断追求经济增长,并取得了显著的成果。这也是自明治时期起,百余年来效仿欧美各国现代化过程所获得的成就。(中略)但是我们却在经济发展的过程中没有能够充分考虑到人与自然的和谐、自由与责任的平衡以及内心深处的人生之道。
>
> (中略)
>
> 而这一事实如今暴露在人们面前,正意味着快速发展的经济所带来的城市化以及以近代合理主义为根本的物质文明已遇到了瓶颈。也就是说到了要从面向现代化时代向超越现代化的时代、从以经济为中心到重视文化的时代转变的时期。
>
> 我们现在所追求的新社会是克服不信任与对立、培养理解与信赖的社会,也是从家庭、地区乃至国家地区社会各个层面都能追求人生理想的社会。

在这一次演讲中,大平提倡"为营造和平的国际环境而积极做出外交努力"。

> 政治最重要的责任是确保日本的和平与安全,为此我们需要坚持适度的自卫能力以及由日美安保条约组成的安全保障体制。但是真正的安全保障并不意味着单纯的防卫能力。我们一方面要面对现实保持客观冷静的态度去认识,同时试图实现有生命力有秩序的内政。另一方面还应该为营造和平的国际环境而在外交上积极做出努力。(中略)
> 我国与美国、加拿大、澳洲、新西兰等太平洋圈诸国的相互依赖关系、与中南美各国的友好合作关系都在不断的加强。我会进一步加强与这些国家的友好合作关系。(《著作集》五,25—30页)

这一次大平虽未用综合安全保障、环太平洋构想等语言,但是却明确地表达了他的理念。(长富,1994,329页,2000,391页)

2 日美"同盟"与东京峰会

邓小平二度访日

大平虽然一直在构思他的环太平洋连带构想,但是作为其中一个重要组成部分的东南亚地区却因为越南入侵柬埔寨、越南战争等事件一直处于紧张状态。

大平的外交日程始于1978年12月15日接见越南副总理兼外交部长阮维贞(Nguyên Duy Trinh)的访日。大平说:"我国一贯与东盟各国之间保持合作关系。同时希望不断改善以越南为首的中南半岛各国之间的关系,并逐步推进我国在东南亚的政策。另外虽然越南与中国以及柬埔寨之间的对立与纷争可能各有原因，但是我们希望这些纷争能够尽早得到解决并恢复和平。"（波多野等，2007，175—177）[5]

12月25日，越南攻击柬埔寨打垮了波尔布特政权，建立了韩桑林政权。由于波尔布特政权是亲华派，中越关系因此急剧恶化。中国要求日本停止对越南的经济援助。[6]在这样的大背景下，大平的构想从一开始便充满了不稳定因素。

1979年1月17、18日，大平与泰国总理江萨·差玛南进行了首次首脑会谈。大平说"会采取与贵国及东盟的处理方式不矛盾的方法"来处理日越关系，同时确定为泰国的农村开发计划提供日元贷款。（政策研究大学院大学 C.O.E 口述政策研究项目，2005，中卷，89—91页）[7]

2月7日，大平与再次访问日本的邓小平进行了会谈。邓小平说："若不对越南加以惩罚，他会压制老挝，在占领柬埔寨后进而威胁东盟各国。苏联想借助越南的力量试图实现东盟以及这一地区芬兰化，需要我们密切关注。"

对于邓小平主张的对越"惩罚"，大平表示需要谨慎对待，并称："我们一直以来对越南发出警告，在采取和平行为以前不会考虑提供经济援助，同时也会考虑东盟各国以及中国的立场而谨慎行动。"

邓小平则强调说："虽然我们再三警告，但是我们一定会说到做到。"就在邓小平回国后的2月17日，中国军队向越南发起了攻击。即便是这样的形势下，大平依然从秋天开始对中国提供了日元贷款援助。（政策研究大学院大学 C.O.E 口述政策研究项目，2005，中卷，91—102页，若月，2006，255页，波多野等，2007，188—189页，益尾，2010，113页，服部，2011b，37—42页）[8]

日美"同盟"与UNCTAD

大平虽然倡导环太平洋连带构想，但是自第一次外务大臣时期他一贯坚持的是以对美关系为基轴的策略。当时日本与美国之间有着从池田内阁时期开始一直未能摆脱的"核密约"事件。大平希望自己能够解决这一核问题。

大平通过森田一首相秘书向国防会议事务局局长伊藤圭一传话说："不如将核武器引入一事公之于世。"国防会议是内阁下属的关于安全保障方面的咨询机构。伊藤回答道："这样做正和美方之意吧？"但同时又说："不过这会在国内成为一件重大的政治事件。"

允许搭载核武器的舰船靠港是对事前协议制度的最基本的内涵提出质疑，更意味着改变无核三原则的内容。大平为此伤透了脑筋。在"核密约"及党内纷争下，苦不堪言的表情代替了刚上任的愉悦笑容。（政策研究大学院大学 C.O.E 口述政策研究项目，2003，9、193、199 页，丰田，2009，224—226 页，森田，2010，272 页）

大平心头挂念着六月下旬的东京峰会，开始了他作为首相的首次出访，目的地是美国。访美时间定在黄金周。大平早在大藏大臣时期就已经和卡特见过面并且给他留下了非常好的印象。（《著作集》六，375 页，Carter，2010，pp.262、317）

5 月 2 日，大平在卡特总统举办的白宫欢迎宴会上发言："我国与同盟国美国是密切且拥有丰富成果的伙伴关系，而通过这样的伙伴关系共同承担着重要的任务。""同盟国"一词在历代首相中很少被明确提出。

在会谈中卡特说："日本承担着重要的任务并且与其责任相符合地在亚洲及世界逐渐开始发挥领导作用。也正因为如此日美关系变得比以往更为平等了。"

对此大平回应道："日本位于亚欧大陆的一端，我们的任务是用尽可能少的经费扮演好美国永不沉没的航空母舰。"大平把日本比作永不沉没的航空母舰。

同时大平还谈到了越南形势以及日中关系，并且还确定了 6 月东京峰会上的合作。(《著作集》五，239页，饭田，1989，108页，佐藤嘉，2000，465页，若月，2006，259—261页，丰田，2009，227页）[9]

大平在担任池田内阁官房长官及外务大臣时，在言论上尽量避免提及日美关系中的军事层面，甚至没有使用过日美安保体制这一表述方式。对于日本来说，受制于和平宪法，禁止海外派兵及拥有核武器，被外界认为是"有不利条件的国家"。正因为如此，才用"伙伴关系"代替同盟。（中岛信，2006，174、178、210页）

十几年过去，大平根据日本的国力重新定位日本，和卡特讨论了"更对等的伙伴关系"以及经济摩擦问题。虽然未触及"核密约"，但是也取得了非常大的进展。[10]

大平于5月7日访美归来，便匆匆于9日启程前往菲律宾。10日，在马尼拉和马科斯总统进行的会谈中谈到了越南与中国以及苏联的关系。[11]

当天下午是UNCTAD即联合国贸易和发展大会的第五次会议，大平在会中发表了有关解决南北问题、扩充ODA的演讲。大平强调"造人"先于"造国"，当前关键的是培养发展中国家的人才，并且表示会把发展中国家的想法呈现在东京峰会上。

当天来自一百多个国家的代表参加会议，大平的演讲结束后掌声经久不息。在与会人员中，大平是唯一一个东方主要国家的首脑。无论是发达国家还是发展中国家，大平的演讲被评为"此次会议开始以来最精彩的演讲"[12]。

日本首相很少参加UNCTAD会议，在会上，大平的演讲内容以及使用英语的发言给当时的与会者留下了深刻印象。先前的福田首相在马尼拉，因为开头和结尾使用了英语，中间部分通过翻译做了演讲，所以被称作为隧道演讲。在演讲期间，还出现过议长罗慕洛菲外交长官号召鼓掌称赞，使大平惊慌的一幕。[13]

当天傍晚大平举办了晚宴，和巴布亚新几内亚副总理共同探讨了渔业等问题。[14]

正好时任澳大利亚总理福瑞泽也在马尼拉，5月11日两人还进行了近两个小时的会谈。会谈内容主要围绕国际经济问题。大平在第三方国家与福瑞泽会面是因为澳大利亚无法参加东京峰会。而福瑞泽参加UNCTAD会议的主要目的是为了和大平进行会谈。

福瑞泽对世界性的通货膨胀及保守主义表示了担忧，对此大平说："主要用中长期的眼光去看待并摸索各国应采取的方针，相对应地制定规划就一定能够提高对未来世界经济状况的认识和把握。"

福瑞泽向大平介绍了澳大利亚的资源出口政策，并提出："我们当然欢迎环太平洋构想，还想进一步了解接下来具体实施的内容。"

大平回答道："环太平洋连带构想是一个复杂艰难的问题，我们正以自己的咨询机构为核心全力推进此事。无论如何澳、美、日都将会是三根主要支柱。"

福瑞泽邀请大平到澳大利亚访问，对此大平积极回应："我非常期待能尽快成为您的客人。"大平已做好了在东京峰会上向世界传达亚太地区声音的准备。（新井俊等，1982，84—78页，大庭，2004，272—273页）[15]

"易碎的陶器"

1979年6月28、29日，大平担任了在东京举办的七国首脑会谈的议长。大平在担任大藏大臣时期曾两次出席，但是当时正逢第二次石油危机，整个会议充满紧张感。大平在担任外务大臣期间经历了第一次石油危机，所以他的方针是尽量避免国家干预价格调控，交给市场机制调控。（佐藤晋，2013，27页）

相比资源大国的美国、加拿大而言，资源小国的欧洲国家表现出了更加团结的一面。在日本，石油主要由通商产业省掌管。当时的通商产业大臣江崎真澄反对大幅度限制进口的做法，内外调整上面临着很大的阻碍。虽然大平把会场设在赤坂的迎宾馆，但期间石油、警备方面的问题使他心力交瘁。[16]

从会议首日的早餐期间，就石油进口量的问题讨论就到了白热化阶段。就在各国首脑讨论石油、替代能源问题的时候，大平却提出了生活方式的改革。

"我们应该重新审视我们的生活态度。对于石油问题认真对待是必要的，但是我们也需要培养用微笑去面对危机的精神，也应该把它当作文明文化的问题去对待。"

即便如此，卡特以及西德总理施密特、法国总统吉斯卡尔·德斯坦、英国首相撒切尔等人依旧激烈地讨论石油进口目标等问题。卡特主张明确各国的石油进口目标，而针对这一看法，以妨害市场为由遭到了施密特及撒切尔的反对。

在这样的情况下，大平提议："虽不设定德、英、法的国别目标，但是明确规定通过 EC 内部总结出国别数据，根据这一数据峰会各国接受相应的报告如何？"这一想法得到了卡特等人的认同。[17]

围绕 1985 年的进口目标这一问题，宣言最终决定"日本方面限定在一天 630 万桶到 690 万桶之间的范围之内"。与美国及欧洲等地基本上维持现状不同，日本因没有油田得到了增加进口量的许可。

630 万到 690 万桶这个数量，是在经济企划厅计算的预期进口量的基础上给予一定的浮动空间得来的。（政策研究大学院大学 C.O.E 口述政策研究项目，2004b，233—237 页，近代日本史料研究会，2008，278—280 页）[18]

大平回忆说，"卡特率先赞同"，但是实际上背后是事先通过一个助手做好了工作。这个助手就是外务审议官宫崎弘道。大平在会前的 6 月

25、26 日已和卡特进行过会谈，日本和美国的良好关系发挥了作用。

会议不仅讨论了石油，还发表了有关中南半岛难民的联合声明。大平在官邸大厅举办的演讲中回顾了会议全程，并强调了发达国家之间相互合作的重要性。

> 此次会议所达成的共识不仅是对自己的石油经济有重大意义，而通过设定进口量更是让我们明白了在世界经济中处于领导地位的国家之间的相互合作是多么的重要。也确立了今后面对各种问题时领头国家间的相互合作。

大平深刻认识到："现在的世界就如陶器一样非常脆弱，我们需要格外小心，因为我们所处的世界正处在随时都有可能被毁坏的状态。"（《著作集》五，208、213、308、324 页，六，410—412 页，公文等，1990，489 页，撒切尔，1993，95 页，佐藤嘉，2000，468—469 页，福田，2000b，428—431 页，Carter，2010，pp.334—337）

大平向记者讲述了他的艰难处境。

> 东京峰会上气氛非常紧张。我原本想要在峰会正式开始前多次举办预备会议，但是在峰会召开前举办的 OPEC 总会上，事先做好的充分准备全部泡汤，最后变成了决定目标年度及年度石油进口目标的务实性会议。而且会议重要程度到了决定与否会产生极大的影响。
>
> 会议第一天，西德的施密特与美国的卡特之间激烈对立，我作为会议主席成为二人的调解人。第二天早晨却突然决定说要提出 1985 年为止的目标，日本陷入困境。卡特提出的意见最为强硬。

>我面色铁青拼命抵抗甚至说:"如果服从了,大平内阁也就完蛋了。"
>
>在和式别馆的午餐会上,其他首脑都享受着美味的日本料理,但是我心情复杂食不甘味。在这一类会议上,往往我们日本人会寻求"大同",但是欧美国家的首脑却要彻底讨论"小异"问题。
>
>总之一直要求我拿出数字来,所以毅然决然地报出了数字。卡特支持我说:"I accept it."紧接着其他首脑也相继说"I accept it",表示同意。[19]

正如大平回想自己"面色铁青",在东京峰会上关于石油的国别目标上,甚至有在日本缺席的情况下进行调整的局面。为了重建动荡的国际秩序,必须将环太平洋连带构想推到运行轨道上。实现这一构想的第一步在于澳大利亚,同时东盟和中国也被当作对象国。(宫崎,1979,8页,船桥,1991,124—126页,森田,2010,171—173页)

3 对华日元贷款与访华

四十日抗争前后

1979年9月3日,大平与访日的中国副总理谷牧在首相官邸举行了会谈。对话从对华日元贷款开始。(徐显,2011,19页)

谷提出了ODA,大平表示:"我会积极考虑这件事情,但是第一要协调和美国、欧洲国家之间关系的同时来推进,第二还要考虑亚洲各国,尤其是与东盟国家之间的平衡,第三要理解其基本方针为不进行军事合作,在以上三点的基础上会推进合作。"

以上三点也是对华援助三原则,大平表示:"我会争取在访华之前得出结论。"8月31日,大平在听取外务事务次官有田圭辅和外务省亚洲局长柳谷谦介的报告时也讨论了三原则。(政策研究大学院大学 C.O.E 口述政策研究项目,2005,中卷,110—113 页,若月,2006,275—277 页,谷,2009,338—339 页)[20]

大平、谷牧会谈结束后,外务省、通商产业省、大藏省、经济企划厅、运输省的负责人在北京开斋会谈,并视察了秦皇岛的港口和兖州计划建设的铁路。[21]大平催促有田等人尽快开展调研。尽管国内有意见表示对待借钱给中国一事应该慎重,但大平毫不动摇。(中村,1982a,10—15 页,佐藤嘉,2000,471 页)[22]

大平想要将对华外交推向正轨,但等待他的是政治斗争。9月7日,社会党、公明党、民社党在众议院提交了内阁不信任案,对此大平行使了解散权。大平虽然主张引入一般消费税,但是由于在全国游说中遭到了强烈反对,便收回了这一主张。

自民党在10月7日的总选举中减少了一个席位,让10名保守派人员入党才勉强确保过半。田中以外的派系领导要求大平下台。党面临着解散的危机,这一系列动荡被称作四十日抗争。

大平和福田在党本部总裁室有一段有名的谈话:"让我辞职是想让我死吗?"大平不是性情刚烈的人,所以党内斗争使他消耗极大。尽管如此,大平回到官邸和官房副长官加藤弘一说:"如果我辞职了,那么为了日本,下一个应该由福田来担任总理。"(金丸,1988,125—129 页,加藤,1994,270 页)

在11月6日的众议院会议上,自民党未能在首相候选人问题上达成一致。这是前所未有的异常情况。主流派支持大平,反主流派投票给了福田,最终大平在最后一轮投票时以17票之差获胜。大平回到世田谷的住宅后对长女芳子反复说道:"我赢了福田君。这是千真万确的。"(岩见,2010b,123 页,《朝日新闻》2013 年 11 月 7 日)

大平为了应对这种困难局面,在自己身边布置了伊东正义官房长官、佐佐木义武通商产业大臣、大来佐武郎外务大臣。他们四人是从兴亚院时期开始的交情。田中角荣通过伊东向大平强烈表达了"让二阶堂做三大主要职位",但是大平却以"如何安排是总理、总裁需要考虑的事情。提出这样的要求我也很为难"为由拒绝了田中的建议。(伊东,2000,338页)

这段时期在伊朗的德黑兰发生了美国大使馆人质事件。大平应美国的要求,对伊朗实行了减少使馆人员、禁止出口等制裁。针对苏联入侵阿富汗事件而决定不参加莫斯科奥运会的也是大平。(五百旗头等,2008,50—58页,中岛敏,2012,162—164页)

这些都是重视与美国之间的关系而采取的措施。大平对亲信说过:"若石油和奥运会相比较,石油更重要,石油和美国相比较,那么美国更重要。"

大平在日本记者俱乐部上说:"苏联非常强大,是无法预测的。它又是一个防御性强、慎重并且外交上老练的国家,所以我至今认为苏联不是一个轻率行事的国家。"他的苏联观一度遭到了质疑。(公文等,1990,526,546页,高安,2009,214—216页)

第二次大平内阁(1979年11月9日成立)　*表示兼任

内阁总理大臣	大平正芳	总理府总务长官	小渕惠三*
法务大臣	仓石忠雄	国家公安委员会委员长	后藤田正晴*
外务大臣	大来佐武郎	行政管理厅长官	宇野宗佑
大藏大臣	竹下登	北海道开发厅长官	后藤田正晴*
文部大臣	大平正芳	防卫厅长官	久保田円次
	(临时代理)	(1980年2月4日起)	细田吉藏
	(1979年11月20日起)谷垣专一		
厚生大臣	野吕恭一	经济企画厅长官	正示启次郎

农林水产大臣	武藤嘉文	科学技术厅长官	长田佑二
通商产业大臣	佐佐木义武	环境厅长官	土屋义彦
运输大臣	地崎宇三郎	冲绳开发厅长官	小渊惠三*
邮政大臣	大西正男	国土厅长官	园田清允
劳动大臣	藤波孝生	内阁法制局长官	角田礼次郎
建设大臣	渡边荣一	内阁官房副长官	加藤纮一
自治大臣	后藤田正晴*	内阁官房副长官	翁九次郎
内阁官房长官	伊东正义	总理府总务副长官	爱野兴一郎
		总理府总务副长官	菅野弘夫

出自首相官邸主页 http://www.kantai.go.jp/jp/rekidai/kakuryo/69.html（2013年8月5日查阅）

"迈向新世纪的日中关系"

大平于12月5日访华，在与华国锋总理及邓小平副总理的会谈中表示开始提供日元贷款。决定每年提供500亿日元的自由信贷，即不指定对象的贷款，同时决定用于推行各类项目：三项铁路、两项港口、一项水力发电、一项医院，共七个项目。（萧，1997，207—214页，徐承，2004，68—89页，若月，2006，278—279页，益尾，2010，136页，2011，40页）

大平对邓小平谈了如下内容：

> 对于中国要实现现代化的努力，我国也希望能够尽可能提供帮助，也正是本着这一想法来探讨本项目。我们也非常欢迎中国能够和西方国家进行广泛的交流。我国本着与欧美国家的协调以及和亚洲尤其是东盟各国之间保持平衡的原则，同时坚持在军事方面不合

作的前提下，探讨了先前通过谷牧副总理提出的贷款要求，提出了针对包括医院建设在内的七个项目，在考虑本国财政的基础上予以帮助。对于其中六个项目，1979年度提供500亿日元，年利率为3%，搁置10年，之后20年偿还，募集方式原则上没有限制。在医院建设方面也希望作为日中友好的象征提供帮助。

邓小平表示欢迎，称："我们完全理解日本政府在探讨本项目时考虑的各方面因素。当然对于我们来说项目越多、资金越多越好。但是这才是第一次。中国的日元贷款相关负责人可能还不满足，但是我个人来看已经很好了。"

为什么大平如此热衷于中国，光凭环太平洋连带构想是解释不通的。

大平对华国锋说："我过去访问中国与已故周总理见面时，他和我说不仅是对两国友好关系，更是要为地区的稳定繁荣做贡献。日中两国建立友好合作关系对于亚洲地区的稳定是极为重要的。"

大平考虑的是周恩来等人放弃了战争赔偿要求一事。虽然放弃战争赔偿要求与对华日元贷款政策是不同的，但是在大平心中却是相联系的。

中国方面也熟知大平作为外务大臣在中日邦交正常化当中发挥了重要作用，所以这一次对大平的信任与期待很高。《人民日报》连日报道大平访华，在电视以及广播上也都频繁介绍日本。

12月7日，大平在政治协商会议礼堂进行了题为《迈向新世纪的日中关系——寻求新的深度和广度》的演讲，为时1个小时。除领导外还有各类团体代表等听众共1100人参加了此次会议。

大平在演讲中提到毛泽东、周恩来、邓小平的功绩，并高度评价了中国的现代化，表示："面对贵国的努力，我国将不遗余力积极提供帮助。"又说，"国与国之间最重要的是国民的心与心相连而形成的强有力的信任"，提议进行文化与留学生交流。演讲中还提及鉴真，以"两国交流中希望与各位一同寻求新的深度与广度"结尾，获得了雷鸣般的掌声。

日本的首相直接向中国听众呼吁是史上前所未有的。电视与广播都播放了他的演讲。大平访问西安时也受到了西安人民的欢迎。在西安，大平参观了秦始皇兵马俑及阿倍仲麻吕纪念碑，提字"温故知新"。（公文等，1990，535—537页，政策研究大学院大学C.O.E口述政策研究项目，2005，中卷，133—136页，黄华，2007，244页，霞山会，2008，120—125页，森田，2010，205页，服部，2011b，47—69页）[23]

大平的访华与演讲显示出对中国改革开放路线的积极支持，成为1980年代对华政策的基础。（毛里，2006，108—109页）

大平还缔结了文化交流协定，其中的一项提议是在中国成立日语研修中心。次年日语研修中心在北京语言学院成立，五年内培养了约600名日语教师。中心被亲切地叫作"大平班"。1985年设立北京日本学研究中心，逐步发展成为日本研究据点。这正是出自大平理念的成果。（徐一，2011，39—52页，小熊等，2012，54—66页）

1984年，大平"希望作为日中友好象征"的中日友好医院在北京落成启用。中日友好医院是第一批无偿资金援助项目，大平的希望中国成为"繁荣开放的中国"的遗愿得到了继承。[24]

4 最后的旅程

开始启动的环太平洋连带构想

1980年1月15日，大平出发前往澳大利亚。尽管年末苏联入侵阿富汗导致外务当局忙于处理相关事宜，但是没有影响大平的出访。[25] 上一次首相访问澳大利亚还是在田中时代,而大平个人则是时隔八年再次访问澳大利亚。(政策研究大学院大学 C.O.E 口述政策研究项目,2005,中卷,137—138 页,田,2013,87—88 页)

1月16日,大平在堪培拉向福瑞泽总理提出了环太平洋连带构想。

> 本构想避开政治、军事问题,以促进文化、经济领域内的合作与合作关系为核心。(中略)
>
> 另外比起构建 solid 的结构,更想要形成柔和的连带关系,可以为文化、资源以及贸易等领域的协议与合作提供平台。

主要成员为日美澳以及东盟,大平又说:"这是寻求相对开放的连带关系(中略),没有必要把中国和苏联排除在外。"

福瑞泽对此表示赞同,并补充道:"还需要考虑南太平洋岛屿国家的立场。"福瑞泽的积极反应超出了大平的预想。[26]

1月17日,大平前往墨尔本,在福瑞泽举办的午餐会上发表题为《太平洋时代创造性的合作关系》的演讲,再一次解释了环太平洋连带构想的理念。大平在记者招待会上说:"如中国或者苏联表示希望加入进来,就不应该把它们排除在外。"这一想法遭到了澳大利亚记者一声刺耳的"咻"的口哨声。当时正是苏联入侵阿富汗的时期,其他国家都认为苏联加入环太平洋连带构想是极不合适的。

即便发生了这样的事情,大平与福瑞泽最终还是确认了两国的中心地位,并通过创立 PECC 为 APEC 的成立铺垫了道路。PECC 是 Pacific Economic Cooperation Council 的简称,被称作太平洋经济合作会议。(《著作集》五,268—270 页,福瑞泽,1994,321—322 页,政策研究大学院大学 C.O.E 口述政策研究项目,2004a,169 页,长富,2005,35 页)[27]

1月18日，大平与新西兰总理马尔登举行了会谈。在这一次会谈中大平也谈到了环太平洋连带构想。1月20日，他在巴布亚新几内亚向总理索马雷询问了对环太平洋连带构想的看法。这是日本首相对巴布亚新几内亚的首次访问。[28]

回国后，大平在1月25日的施政方针演讲中也倡导了环太平洋连带构想和综合安全保障。而他万万没有想到这将是他最后一次国会演讲。（《著作集》五，58—59页，若月，2006，284—285页）

被称为无核三原则的"弄虚作假"

2月至3月期间，大平派遣前外务大臣园田直出访了中东五国、巴基斯坦以及印度。这一次出访是为了对周边国家提供经济支援，以防止苏联入侵阿富汗带来的恐慌进一步蔓延。

4月，美国为使馆人质事件表示抗议，与伊朗断绝邦交。大平也紧跟其步伐采取了同样的做法，为此伊朗停止了对日本的原油出口。大平决定在黄金周访问美国、墨西哥、加拿大，试图获得多方面的石油供给。（公文等，1990，546—547页）

石油问题之外，无核三原则同样使大平异常苦恼。正好这段时间美国准备召开首脑会谈。4月临近出访，大平将官房长官伊东正义、官房副长官加藤纮一和首席秘书森田一召集到了一起。

大平提出："有一件事情希望各位能够研究一下。"

"我们要坚持日美安保体制，但是这样下去迟早会出问题。"

大平加强了语气，再一次肯定自己的说法，说道："现状是弄虚作假。"

"日本的现状是，在美国核武器的保护伞下，对核问题采取暧昧态度。怎么可以这样糊弄过去？必须要对无核三原则中不运进的问题采取一些对策了。"

原本沉默的三人突然开始争先表达反对意见。

"怎么可能,在这样的现状下是不可能实现的。"

对此大平望向远方,说道:"问题如果能够容易解决,那早就已经动手了。正因为很难,所以才拜托你们(研究解决对策)啊。"

日本虽然高举无核三原则的旗帜,却一直受到来自美国的核保护。国民早已察觉到了这一矛盾。若不重新考虑无核三原则,那么日美关系迟早会动摇,同时还会失去国民的信任。对此日美双方需要认真对待共同努力去解决这个问题。大平想要在与卡特会谈前确定下方针,而这样的想法是外务省无法提出的。

大平接受了亲信们的规劝,到最后也没能得出一个结论。大平向亲信们说:"introduction 指的就是从船上卸载到岸上。"(《每日新闻》1981 年 4 月 21 日,5 月 11 日,森田,2010,272—276 页)[29]

最后的日美会谈

4 月 30 日,大平与外务大臣大来在羽田机场登上了日本航空专机。这次出访是前往美国、墨西哥和加拿大。大平在华盛顿的迎宾馆召集大使馆职员,回顾了战后的日美关系。日本加入 GATT、举办东京奥运会时通过世界银行贷款进行的基础设施建设等,这些都有美国的支持。大平深切地说道:"日本在战后受到了美国不少照顾。"(田中均等,2005,93、193—194 页,田中均,2009,32 页)

5 月 1 日,大平围绕对伊朗的制裁及苏联入侵阿富汗等问题与卡特进行了会谈。

卡特表示感谢,说:"日本在总理的勇敢且强有力的领导下,与其他盟国相比率先行动。这为其他盟国起到了模范作用。"

大平回应:"不管是伊朗问题还是阿富汗问题,我们不仅是从对美国的友谊出发,更是因为这些问题是对世界秩序形成了挑战,所以作为友好国家理所应当要出手相助。"

卡特将话题引向防卫计划,说:"我们是好朋友,所以我能和你坦诚直言。(中略)如果日本计划中的各项目标能够尽早达成(expedite),那么这对亚洲稳定会起到一定作用,也会对日美两国有好处(benefit)。"

大平回答道:"现在正在探讨提前实行防卫计划,在这方面也希望和美方共同协商进行。但是我认为现在最重要的是确保亚洲各国的政治、经济稳定。"

卡特要求将自卫队的装备计划提早执行,大平对此答应会考虑。同时会谈中还讨论了汽车摩擦以及开放日本电信电话公社的器材供应等问题。日本电信电话公社就是 NTT 民营化之前的组织,当时被称作电电公社。

大平在会谈结束前关于伊朗问题再一次强调说:"总统一直以来都保持着非凡的忍耐力来面对这件事情,今后也恳请继续用和平手段处理。"

对此卡特也同意并表示:"我自己也希望通过和平方式解决,同时我也认为同盟国对我国的支持会带来和平结局。首相在这件事情上的指导力是非常重要的。"(大河原,2006,309、325—330 页,若月,2006,290—292 页,佐藤晋,2011,80—85 页)[30]

对于卡特来说,这次会谈是一周前伊朗解救人质失败后的首次会谈。据一同出席的加藤官房副长官回忆,大平"在谈话时,像是在教导犯了错、失败了的儿子"。(加藤,2000,295 页,2005,132—134 页)

大平与卡特会谈后移步白宫南院的玫瑰花园。大平用英语发表了演讲,在提及伊朗及阿富汗问题的基础上,表示:"我们日本人可能不擅雄辩,但是对于贵国来说我们是坚定不移且是最值得信赖的友好国家之一。"(《著作集》五,273 页)

卡特称赞大平的演讲"十分精彩"。当时卡特正逐步失去信心，就在这样的节点上迎来了大平的访美，这巩固了两人的关系。两位首脑在演讲之后，签署了日美科学技术协定。之后大平便匆匆前往墨西哥和加拿大。在经历了美国、菲律宾、东京峰会、中国、澳大利亚、新西兰、巴布亚新几内亚一系列访问后，对这两个国家的访问应该是进一步落实环太平洋连带构想。但是就在这一时期，最后的旅程开始蒙上了一层阴影。（森田，1981，20页，佐藤嘉，1994，355—356页）

墨西哥、加拿大、南斯拉夫、西德

5月2日，大平在墨西哥城与洛佩斯·波蒂略举行了会谈。大平事先通过驻墨西哥大使松永信雄试图实现石油增量，并把它作为此次外访最重要的目的。日本向墨西哥提出将对日石油出口量由先前的每日10万桶增加到30万桶。大平的目标是实现"日墨新时代"。（中村，1982b，11页）[31]

大平在论述了伊朗形势以及阿富汗入侵问题后将话题转向能源问题，说："墨西哥是非 OPEC 国家中最大的产油国家，也正因此有很强的话语权，也希望今后墨西哥能够继续发挥其领导作用。在石油供给上还需要墨西哥的帮助，也希望能够多多关照。"

然而波蒂略的回应却不尽如人意。

大平在5月3日又一次提出了石油增产，但是墨西哥方面仍然停留在之前所提及的每日10万桶。墨西哥对日本在钢铁以及基础设施建设上的技术和资金支持提出了要求，对此大平表示会进一步探讨经济合作和文化交流。

波蒂略冷漠地说："日方突然提出30万 B/D（桶／天——引用者注），这使得一直以来构筑友好关系的道路上出现了一些波折，对此我表示十分遗憾。"

大平也只能回答道："我们今后继续坦诚地发展我们的关系。"共同声明上也只有一些无关紧要的内容。[32]

波蒂略态度强硬，使得大平格外焦急和疲惫。墨西哥城海拔在2000米以上，空气稀薄，让大平的身体难以承受。

大平连夜与外务省和通商产业省的干部讨论对策，但最终没有能够得到有效的解决。这一次首脑会谈，是他担任首相一年半以来，最不理想的一次首脑会谈。（森田，1981，26—28页，加藤，2000，299页，菊池，2000b，369—372页、376页，佐藤嘉，2000，479页，福川，2000b，434页，松永，2002，97—98页）[33]

5月4日，大平在前往加拿大的飞机上听到前南斯拉夫总统铁托的讣告。大平和加拿大总理特鲁多分别于5日在渥太华、6日在温哥华进行了会谈，随后经由安卡雷奇和波恩，8日抵达前南斯拉夫首都贝尔格莱德，参加了铁托的国葬。当天深夜再度抵达波恩，9日与西德总理施密特和经济大臣兰斯道夫等人进行了会谈。（《著作集》五，273—287页）

这段行程几乎是挑战了大平体力的极限。在加拿大的两次首脑会谈中，大平不仅就通商问题和煤炭问题进行了磋商，还作为日本首相首次在议会上发表了演说。[34]大平从前一天晚上便反复练习英语，所以演讲当天说得非常流利。也正因为他如此努力，疲劳在他身上已经堆积到了极限程度。大平在渥太华按摩时，按摩师对须磨未千秋大使说："在我按摩过的人当中，他是最疲劳不堪的。"[35]在温哥华，大平甚至在杜鲁多的演讲当中，不小心睡着了，期间多次被翻译叫醒。

大平不顾贝尔格莱德的酷暑，从机场直接去参加了葬礼。葬礼举办场地是在室外，大平在烈日炎炎下站了一个多小时。[36]大平对南斯拉夫总理久拉诺维奇表示哀悼[37]，并且同印度总理甘地、中国总理华国锋接触，对石油涨价、苏联及阿富汗形势等问题交换了意见。大平还与华国

峰总理约定在东京举行会谈。（村松增，1994，506—508页，佐藤嘉，2000，480—483）[38]

大平在回程的路上与西德的施密特总理等人进行了会谈。他们讨论了能源、伊朗、阿富汗等问题，为次月的委内瑞拉峰会做了准备。[39]大平早在东京峰会时便与施密特相识，时间虽短两人却谈了真心话。施密特在临别时说："大平先生。以后不会再叫您Mr.president（总理——引用者注）。我要按照日本方式称您大平先生。所以，也请您叫我施密特先生吧。"[40]

大平参加葬礼感动了南斯拉夫首脑[40]，但是这样的做法却不是大平本心所愿。大平曾向自己的亲信说："离开国内太久不好。我要回去。"大平这时已经察觉到了国内的波动。他这一预感却在他回国后成为现实。（森田，2000，270—272页，中江，2010，218—224页）

终章 "永恒的当今"

"只要摇铃就会进来"

1980年（昭和55年）5月11日，大平终于回国。他的外交日程之久打破了以往的惯例，这使得原本衰弱的身体状况每况愈下。（加藤，1999，207页）

社会党提出的内阁不信任案在国会获得通过是在他回国仅仅五天后的5月16日。这一天众议院，福田派、三木派和中曾根派纷纷采取了缺席战术。福田赳夫等人聚集在众议院第二议员会馆的房间内，没有要行动的意思。就算有人劝他去会场，他也回应说："我怎么可能离开这里。你是想让我变成叛徒吗？"

而在另一方面，田中角荣为了救助大平，联系了在国会当中无所属议员室的小泽一郎、石井一等人，试图挽回大平的劣势。田中因洛克希德事件离开了自民党，而这时他为了拯救盟友再一次出现在人们面前。（五百旗头等，2007，76页，森，2013，136页）

在台阶座椅上等待已久的大平心理一点儿底都没有。田中角荣则通过官房长官伊东正义向大平传达了"不能气馁。你要坚持"的口信。大平则一直坚信福田及三木等人"（本次会议上——引用者注）只要摇铃就会进来"。

国会对策委员会会长金丸信通过副官房长官加藤纮一递了一张写有"要不要休息"的纸条。大平说："要继续（议会）。就算败选，也要继续下去。如果休息了就会出现混乱，这样就再也没有办法重新开启议会了。就算败选也要坚持下去。"

当会议开始的铃声敲响，在野党议员都已入场，但是自民党议员却进进出出，一直未能坐满。政调会长安倍晋太郎等人退场，最后中曾根康弘进入会场的那一瞬间全场响起了掌声。会场大门关闭，现场一片嘈杂，最终就连在野党也没有想到不信任案就这样通过了。

会场上氛围极为异常。大平告知伊东："本会结束后召集所有官僚。我们要决定解散内阁。"虽然大平故作镇定，但是他的表情已僵硬，甚至没有了血色。即便是这样，大平还是清晰地记得没有退场的福田派议员。

大平不仅对缺席议员有很大的意见，对众议院议长滩尾宏吉的做法也有很大的不满。他和派系内的议员说："滩尾这样的人根本就不是政治家。"（池田行，2000，197—198页，伊东，2000，338—340页，於久，2000，454页，福川，2000b，435页，森田，2000，272—273页，岩见，2010b，124页）

官僚们都聚集在国会二楼的阁议室中。大平以严肃的表情对大家说："解散还是总体辞职，最终我希望大家能交给我决定，但是在那之前想听一听大家的意见。"法务大臣仓石忠雄、大藏大臣竹下登表示"交给总理决定"后，自治大臣后藤田正晴用强烈的语气说："既然有政党政治、议院内阁制为原则，那么今天这种状况是不可饶恕的。比起总体辞职，我们应该去征询国民的意志。"没有一个人提出总体辞职。

大平毫不犹豫地说："我知道大家的想法了。我决定解散。"（竹下，1991，126—127页，后藤田，2006，24页，2007，313页，岐阜新闻社，2008，136页）

大平发表声明说："对于社会党不讲理的不信任案和在野党对此的赞同，以及一部分自民党员缺席导致扰乱党规，我表示非常遗憾。"

就连在野党也没料到不信任案会得以通过，这一次被叫作意外解散。（《著作集》五，69页）

5月27、28日，大平与中国的华国锋总理进行了会谈，共同协商了苏联入侵阿富汗、柬埔寨形势、经济合作、文化交流等问题。大平就总选举表明了自己的决心，他说："虽然现在对我提出了不信任案，但我坚信一个月后一切都会得到解决，现在的这些都会成为'过去的回忆'。"中国总理访日是有史以来的第一次，而对于大平来说则是最后一次首脑会谈。（若月，2006，299—300页）[1]

"我会回来的"

首次众参同时选举定在6月22日。就在公示第一天的5月30日，大平在新宿站游说车上发出了他的第一声。他首先提出的是外交与安全保障。

> 第一，我党肩负着保障国家和平、维护安全的庄严责任。（中略）
> 如果像社、共两党所主张的否认安保体制的话，不得不走向军事大国。（中略）
> 第二，自由民主党肩负着维护国民生活的重要责任。（中略）
> 第三，若不为我们可爱的下一代准备可靠的未来，我们这代人的责任就无法完成。（《著作集》五，17—19页）

在短短15分钟的演讲中，大平多次使用了责任一词。这次选举关系着他的政治生涯。

当时在现场的岸信介说，大平"那次演讲与他一贯作风截然不同，热情洋溢。连我都被他的热情震撼了，甚至心想他这是怎么了"。作为

他最后的演讲，那是气势非凡的。（岸等，1981，256页，岩见，2009，96页）

在演讲进行到三分之二的时候，情况出现了异常。他的声音变得沙哑，难以发声，身体靠在了扶手上。撑过了现场后，走下游说车的大平说："嗓子深处很疼。"后来开始不断出汗，他说"很难受"。

拖着被汗水浸透的身体回到自民党本部后，大平将内衣全部更换。秘书建议"下午的演讲就取消吧"，对此大平说："如果这样的话会出现大的混乱。听众已经聚集起来了。所以我还是会去的。"说完便前往横滨车站前等其他四个演讲地点。

大平傍晚回到濑田的住宅后，经医生诊断需要"绝对静养，马上住院"。大平留下一句"事情变成这样了，但是我会回来的"，于当天深夜住入虎之门医院。（福川，2000b，437—438页，奥野，2002，259页）

他被诊断为心肌梗塞。在这之前知道有糖尿病和痛风症，但完全没有心脏病的预兆。第二天大平醒来后和秘书说："原来是心脏病，我完全没有意识到。如果早知道是这样的话可能横滨的四场演讲也不可能完成了。"

过了两三天，疼痛逐渐减轻。对此大平自称"已经好了"。心肌梗塞会引起坏死，如果再发作将会极其危险，而大平相信正在恢复。（森田，2000，274—276页）

大平心里一直放不下选举和政局。当得知总务会长铃木善幸提到了大平的后任，他唯独对伊东表现了自己内心的愤怒，说道："原来他是这样想我的。他怎么可以这样啊。"大平评价中曾根时说："不信任案的时候，他到（出席）正式国会会场难道不是作为政治家应该做的吗？"（伊东，1985，233—235页，国正，2007，94—95页）

6月8日早上，大平在病房接待了三名记者。他这么做是为了展现他精神的一面给选民们。

记者说："今天我们是代表内阁记者会来的。"

大平回应："你们辛苦了。"

"现在心情怎么样？"

"非常愉快。"

"您在住院期间都想了些什么？"

"一直在想选举的事情……"

"您现在最担心的事情是什么？"

"我现在只想快一点出院。"

"在您恢复健康出院后，想做的第一件事情是什么？"

"我现在还没有想这件事情。只想快一点恢复工作……"

"您现在最想向国民传达的是什么？"

"让国民们一次参加了两个重要选举，希望他们能够应对好。因为这件事毫无预兆就开始了，不过日本国民应该能够应对自如吧……"

"人们希望您能早日恢复，争取参加（委内瑞拉——引用者注）峰会。"

"好的，谢谢。"

大平与记者们进行了简短的对话，所提及的也都是些无关紧要的事情。(《著作及》五，23—24页，宇治，2013，210—213页)

大平对秘书说出了自己的真心话："峰会都是小事，最重要的是政局的稳定啊……"田中角荣怕引起骚动，只是通过电话慰问了大平。(安田，1994，469页，国正，2007，163、272页)

过了6月10日，大平恢复的还比较顺利。大平甚至对伊东开心地说："说不定可以去参加峰会。"两个人谈论："媒体的论调是缺席峰会，但是我们反倒会参加峰会，给媒体一个回击。"在伊东看来，参加峰会已经几乎是板上钉钉的事情了。[2]

凌晨 5 点 54 分

6 月 11 日，大平听取了干事长樱内义雄和秘书长木村贡有关选举形势的报告。大平悉心倾听，同时不时还发表"那个人不应该让他落选"、"应该重视这个人啊"的意见。

晚上又和外务省秘书佐藤嘉恭一起商讨了委内瑞拉峰会事宜。大平的身体状况似乎有所好转。田中六助来看望他时，大平用爽朗的声音说："六先生，我可以去委内瑞拉了。"

大平一边做着足部按摩慢慢入睡，夜里醒来时向陪同的人询问："现在几点了？"听到"现在是 12 点"的回答后只回应了一声"是吗"便又睡了下去。

6 月 12 日凌晨 2 点刚过，大平的身体状况出现了异常。护士通过心电图发现了异常。护士解开大平的衣服用拳头敲击他的胸部，却没能让他恢复意识。大平的家人和秘书森田一急忙赶向六楼的病房。志华子给亲戚打电话说："大平的心脏出问题了。现在在做人工呼吸抢救，但是有可能抢救不过来。"当时她打电话的声音是悲痛欲绝的。

伊东和田中赶到的时候，大平已然没有了呼吸，只有心脏还保持着微弱的跳动。两名医生骑在大平身上为他做心脏复苏，但也只是偶尔能听到从大平口中漏出的"唔——"的声音。家人和亲信们一直守护着，但到了凌晨 4 点，抢救似乎已经没有任何意义了。

医生还在继续做人工呼吸，田中忍不住大喊："停下吧！他已经没有呼吸了！"医生便停止抢救，于凌晨 5 点 54 分确认死亡。死因是由心肌梗塞引起的急性心衰，最后抢救时断了两根肋骨。[3]

田中与森田趴在大平尸体傍抽泣。田中抚摸着大平余温尚存的手脚，森田用梳子为大平整理了头发。享年 70 岁，作为现任首相离世，在 10 天之后等着他的还有众、参两院大选。（内阁总理大臣官房，1981，1 页，木村贡，2000，524—527 页，佐藤嘉，2000，484—489 页，岛，2000，234 页，田中六，1981，31—36 页，2000，251—254 页，森田，2000，277—278 页）

大平弥留之际，伊东通过秘书与田中角荣通了电话。田中角荣听到"这次危险了"后，到了失声的地步，只能口中喃喃"啊啊，啊啊。这，啊啊……"田中在早晨 6 点 15 分赶到的时候大平已成故人。田中还担心说："需要通知死讯的地方都通知到了吗？"同时哽咽地打电话给自己的秘书说："大平走了。"随后农林水产大臣武藤嘉文等人也赶到了现场。（木村贡，2000，526 页，2006，157 页，佐藤昭，2005，137 页，岐阜新闻社，2008，139—140 页）

田中在《回忆大平正芳君》一文中这样写道：

> 我匆忙前往他住的虎之门医院，可是一切都已经晚了。
>
> 我们之间有三十多年的交情，他在最后想要说些什么，而我也为了这件事回到了东京，没有想到在有生之年却没能见到最后一面。这件事在我的脑海中久久不能忘却。这也会跟随我一生，成为永不泯灭的回忆。现在我只能对已故的朋友从心底祈祷他的冥福。
> （田中角，1981，395 页）

大平的长女芳子一直没有离开香川本地。芳子一旦去了东京，那就会被媒体察觉到大平的状态不好。这是田中角荣建议的。大平总说："又要给芳子添麻烦了啊……"芳子是森田的妻子。

大平病危的 6 月 12 日凌晨 2 点多，森田给芳子打了一个电话。

"恐怕这是父亲的最后时刻了。对不起……我会一直陪伴他到最后的。"

芳子立刻开始研墨抄起了经书。一张又一张，芳子没有停下笔。她心想："如果真的不行了，也希望父亲不要太痛苦。"

天亮收到了讣告，芳子向住在选举事务所的所长们道了谢后赶往虎之门医院。大平被放在了灵柩中，灵柩显得有些狭窄。（渡边满，2013，249—250页）

"永恒的当今"

由于大平的死，自民党在6月22日的丧事选举中获胜。而临时决定参选的森田也顺利当选。就连反主流派的候选人也在大平的影子下得以当选。（於久，2000，459—460页）

7月9日，在武道馆举行了内阁与自民党的联合葬礼，伊东担任葬礼委员会会长。党内也有声音说："现任首相逝世，应该给予国葬的待遇。"但是伊东却说："低调一些更符合大平的心愿。"最终葬礼形式确定为内阁和自民党的联合葬礼。

当天东京都一早便乌云密布，仿佛也在呜咽，后来下起了小雨，又一时突然变成大雨，使得一些参加葬礼的人无法出行。那一天仿佛连老天都在为大平感伤哭泣。

下午2点多，默哀后会场播放了施政方针演讲，伊东念了悼辞。

"我们发誓一定会继承您的意志，复兴政治之信义，开辟新时代。"

这一天各界代表约6000人参加了追悼会。与会者包括昭和天皇御使以及来自108个国家的254名外籍代表。（内阁总理大臣官房，1981，411、416—421、435页，川内，1982，250页，宇治，1983，32页，田中六，2000，254—255页）

葬礼十分庄重，从国外赶来参加的有卡特总统、华国锋总理、福瑞泽首相以及韩国首相朴忠勋等。[4]有14个国家的元首或元首级代表前来参加。

之后，岸信介、田中角荣、三木武夫、福田赳夫四位日本元首向大平遗体深深鞠了躬。大平看起来完全不像是经历过40天抗争到内阁不信任案等激烈斗争的样子，他用自己的死把政局引向了稳定。

在后方，普通民众约 4000 人排成了长队等候。有人手拿香典，有人带来自家种的花，还有人想要供奉自己画的油画。从年轻学生到老人，各个年龄段的人们都在雨中静静等候。（内阁总理大臣官房，1994，356、359 页，加藤，2000，298 页，Carter，2010，pp.443—446）[5]

卡特和华国锋拜访了大平在濑田的私宅。卡特对志华子夫人说："我们不仅有着深厚的友谊，同时还是 Christian brothers。"华国锋总理向志子夫人传引了大平的话："中日友好不能够只当作中日两国的财富，而是应该把它当作亚洲甚至世界共有的财富并继续扩大下去。"在日本历史上很少有哪位首相能够和美国及中国首脑那样结交超越国家利益的友谊。[6]

田中前来慰问时说："我已经 62 岁了，在这 62 年间，我和大平的友谊持续了三十一二年。他的性格是谨慎的，而我恰巧是不谨慎的。所以我们两个应该相加除以二来平衡。我经常喝酒，但是他不喝酒，所以没有可以释放压力的途径。"（辻井等，2010，134 页）

伊东在大平的墓碑上刻上了碑文。（翁，1994，526 页）

> 君生于永恒的当今
> 卒于现职首相
> 求理想而不倦
> 死而后已
> 　　伊东正义撰书

大平在生前对于"永恒的当今"有这样的记录：

> 神将"永恒的当今"这一时间赐予人们，大概是希望人们能够

给予自己永恒吧。所以重要的是明确自己。为此必须要有相应的骨干去支撑。这来源于自己的学习、思考以及反省,并不断成长的一套方法论。若没有了这个,我们就会被历史疏远,最终连参与撰写历史的资格都没有了。

大平的哲学并不在于大众或媒体的眼光,而在于从神的角度评价并思索,继而追求为未来贡献而成长。(《著作集》二,161、240、278—279页)。

大平的墓碑至今还与他的长子正树的墓碑一起安放在多磨陵园。

有责任的保守

如果大平没有去世,那么世界将会是怎样的?自民党一定会在选举中历经苦难,甚至有可能下野。如果事情真的变成那样,大平做好了辞去国会议员职位的准备,并说:"我如果不当首相了就会从政界引退。我要在故乡一边培养年轻人一边安度我的晚年生活。"(伊东,1994,265页,伊藤,2009,下卷,212—213页,岩见,2010b,117、126页[7])

大平可能会在离开首相官邸的最后一刻向国民公布"核密约",从安全保障的角度说明搭载核武器舰艇的停泊问题,寻求国民的理解。大平对"核密约"的解决非常执着。他甚至可能会选择引咎辞职,辞去首相和国会议员的职务(森田,2010,275—276页)[8]。

别人是如何评价大平的政治呢?像大平这样在就任首相之前经历了官房长官、两次外务大臣、通商产业大臣、大藏大臣、干事长等重要职位的政治家非常少见。大平的经历是非常丰富的。尤其在田中内阁时期他实际上是副总理级别,作为外务大臣引导实现了日中之间的邦交正常化。可以说,大平一生当中最大的功绩便是实现了日中邦交正常化。

担任二把手时发挥了很大作用的人在真正到达顶点时却不一定能够

真正发光。大平担任首相时期虽然提出了环太平洋连带构想,但是从内政上因导入一般消费税而失败等事例看,这一阶段他的功绩是很有限的。

与大平所构想的背道而驰,他在40天抗争中没日没夜地展开政治斗争,这给人们极为深刻的印象。

伊东说:"大平连他想做的十分之一都没能完成。"大平有自己的一套哲学,这使周围人们对他产生敬佩,但是却没能传达到国民心中。(木村贡,2006,139页,中曾根,2000,317页)

如今,事实上大平再次受到人们的高度评价。前首相野田佳彦虽然不属于同一政党,却主张要"大力学习"大平。

> 我最近常常这样想:如今我们需要重新学习的应该正是大平正芳先生的政治。
>
> 大平先生并不是一味地迎合舆论,而是时刻想着去引导舆论。(中略)他也是"小政府论"的先驱者。(中略)他会向国民解释需要做的事情,并且有着想要得到国民理解的气魄,我认为我们现在正是要学习他这一点。(野田,2011,53页)

那么在外交方面的表现又是如何呢?加藤紘一说:"我认为最能展示大平先生才华的是外交。他是战后外务大臣中任期最长的一位,比起他的任职时间,他的功绩更为灿烂。"伊东说:"在国际事务上,他明确表现出了作为西方一员的态度。"(加藤,1994,270页,伊东,1985,237页)

大平提出对美基轴战略时,正值石油危机、伊朗革命、苏联入侵阿富汗的时期,也是世界格局从缓和到新冷战的过渡时期。但是他没有盲目地向美国一边倒,而是保持着与亚洲的外交平衡,同时采取了不同于福田主义的方法追求环太平洋的新秩序。大来佐武郎称，正是大平内阁开启了超越双边框架、以全球化的视角行动起来的历史。（大来，1989，110—113、166页，1992，29、164、186—187、220—221页）

　　日本与主要国家之间的相互合作关系一直支撑着大平的行动。大平不仅受到美国的信任，中国、西德以及澳大利亚的首脑也都非常信任他。他在明确提出日美关系的"同盟"和"永不沉没的航空母舰"等说法也比中曾根外交更提前了一步。而他的一系列做法的根源，是其作为保守派主流的责任感。（加藤，2000，303页，森田，2010，23、226页）

　　大平不会被眼前的政局所迷惑，而是作为有责任的保守派坚持完成自己的使命，这才是他真正的专长。而他这样的做法却未能融入那个时代之中，其原因可能要从国民与媒体中来寻找。

　　后来大平的遗骨被分成多份，除了多磨陵园外，还被供奉在故乡的丰滨町。丰滨町的墓碑被安置在海岸附近的松树林中，一直守护着他儿时玩耍的濑户内海的燧滩。

注 释

序章

[1] 有关大平正芳的研究除了公文（1990，1994），还有村松岐（1995），倪（2003a，2003b，2005，2006—2009，2009a，2009b，2009—2010），佐道（2008），福永（2008），北京日本学研究中心（2011）等。

在池田直（2004），大庭（2004），若月（2006，2012），井上（2010），渡边昭（2010），神田（2012），中岛琢（2012b）等中也频繁出现大平。

因已论述过有关日中邦交正常化，故在本书中不再赘述（服部，2011a）。

[2] 对大平雅子（大平数光的长女）的采访，2013年9月11日。

[3] 高松"耶稣之仆会"寄语，1935年12月1日，大平正芳纪念馆所藏。

第一章

[1] 大平正树命名书，1935年2月6日生，大平正芳纪念馆所藏。

第二章

[1] 大平正芳"安保修订与其周边"年月日不详，大平正芳纪念馆

所藏。

[2] 外务省经济局:"第一届日美贸易经济合作委员会讨论内容概要",1961年11月24日("日美贸易经济合作委员会关系第一届委员会 正式会议"E'.2.3.1.17-1-3,外务省外交史料馆所藏),外务省经济局美国加拿大科:"第一届日美贸易经济合作委员会议事概要",1961年11月(同前)。

第三章

[1] 联合国大使冈崎胜男致外务大臣临时代理池田勇人,1962年9月22日。["大平外务大臣欧美访问相关一件(1962.9)A'.1.5.0.8-1,外务省外交史料馆所藏"]

[2] 美国局外务参事官竹内春海:"大平大臣,腊斯克长官会谈录",1962年9月25日。["大平外务大臣欧美访问相关一件(1962.9)A'.1.5.0.8-1,外务省外交史料馆所藏"]

[3] 驻英秘书大川美雄:"大平外务大臣,希斯国玺尚书会谈记录",1962年9月28日。["大平外务大臣欧美访问相关一件(1962.9)A'.1.5.0.8-1,外务省外交史料馆所藏"],驻法大使荻原彻致池田,1962年9月29日["大平外务大臣欧美访问相关一件(1962.9)A'.1.5.0.8-1,外务省外交史料馆所藏"]。

[4] 荻原致池田,1962年9月27日["大平外务大臣欧美访问相关一件(1962.9)A'.1.5.0.8-1,外务省外交史料馆所藏"],荻原致池田9月28日["大平外务大臣欧美访问相关一件(1962.9)A'.1.5.0.8-1,外务省外交史料馆所藏"],荻原致池田,9月29日["大平外务大臣欧美访问相关一件(1962.9)A'.1.5.0.8-1,外务省外交史料馆所藏"]。

[5] 荻原致池田,1962年9月29日["大平外务大臣欧美访问相关一件(1962.9)A'.1.5.0.8-1,外务省外交史料馆所藏"]。

[6] 驻德大使成田胜四郎致池田，1962年9月30日〔"大平外务大臣欧美访问相关一件（1962.9）A'.1.5.0.8-1，外务省外交史料馆所藏"〕，成田致大平，10月12日〔"大平外务大臣欧美访问相关一件（1962.9）A'.1.5.0.8-1，外务省外交史料馆所藏"〕。

[7] 驻伊大使门肋季光致池田，1962年10月2日〔"大平外务大臣欧美访问相关一件（1962.9）A'.1.5.0.8-1，外务省外交史料馆所藏"〕，门肋致池田，10月3日〔"大平外务大臣欧美访问相关一件（1962.9）A'.1.5.0.8-1，外务省外交史料馆所藏"〕，门肋致大平，10月12日〔"大平外务大臣欧美访问相关一件（1962.9）A'.1.5.0.8-1，外务省外交史料馆所藏"〕。

[8] 驻梵蒂冈大使别府节弥致池田，1962年10月3日〔"大平外务大臣欧美访问相关一件（1962.9）A'.1.5.0.8-1，外务省外交史料馆所藏"〕。

[9] 驻比利时大使下田武三致池田，1962年10月5日〔"大平外务大臣欧美访问相关一件（1962.9）A'.1.5.0.8-1，外务省外交史料馆所藏"〕、下田致大平，10月13日〔"大平外务大臣欧美访问相关一件（1962.9）A'.1.5.0.8-1，外务省外交史料馆所藏"〕。

[10] 下田致池田，1962年10月6日〔"大平外务大臣欧美访问相关一件（1962.9）A'.1.5.0.8-1，外务省外交史料馆所藏"〕。

[11] 外务省欧亚局："大平大臣与荷兰外务部长伦斯的会谈"，1962年10月8日〔"大平外务大臣欧美访问相关一件（1962.9）A'.1.5.0.8-1，外务省外交史料馆所藏"〕。

[12] 外务省："大平大臣、外相施罗德会谈录"，1962年9月29日〔"大平外务大臣欧美访问相关一件（1962.9）A'.1.5.0.8-1，外务省外交史料馆所藏"〕。

[13] 外务省美国居外务参事官竹内春海："大平大臣、腊斯克长官

会谈录",1962年9月25日〔"日美关系（冲绳返还）四"2011—706,外务省外交史料馆所藏〕、驻荷兰大使宫崎章致池田,9月25日（"美国管理下的南西诸岛状况杂件冲绳相关住民的权利扩大（自治权扩大问题）（二）"A'.3.0.0.7—11.CD—R H22—9,外务省外交史料馆所藏）、Memorandum of conversation between Rusk and Ohira, September 24,1962, Digital National Security Archive, http://nsarchive.chadwyck.com（2012年1月25日查阅）。根据井上,2010,190—192页中,宫崎章驻荷兰大使是由联合国代表部派遣。

[14] 对菊地清明（外务大臣秘书）的采访,2012年12月24日。以下包括在内,采访者职位均为当时职位。

[15] 外务省亚洲局："10月20日大平大臣、金钟泌部长会谈中大平大臣的发言概要（案）",1962年10月15日（外务省据信息公开法公示文书,2006—1209）,亚洲局："大平大臣、金钟泌韩国中央情报部长会谈记录概要",1962年10月20日〔"大平外务大臣欧美访问相关一件（1962.9）A'.1.5.0.8—1,外务省外交史料馆所藏"〕,《朝日新闻》1962年11月13日。

[16] 阿部穆（产经新闻社记者）采访,2012年6月19日。

[17] 例如在其担任外务大臣期间,在1962年8月28日、9月12日等的日志中可见到吉田茂的名字。"日志"1962年7月20日至10月22日,大平正芳纪念馆旧藏（移至国立国会图书馆宪政资料室保管）。

[18] 对菊地的采访,2012年12月24日。

[19] 对宇治敏彦（东京新闻社记者）的采访,2011年8月26日。

[20] "议题V国际贸易经济关系的倾向外务大臣发言概要"（"日美贸易经济联合委员会关系第二届委员会正式会议"E'.2.3.1.17—2—3,外务省外交史料馆所藏）,外务省经济局："第二届日美贸易经济联合委员会议事概要",1962年12月（"日美贸易经济联合委员会相关第二届委

员会本会议议事概要"E'.2.3.1.17-2-3-1，外务省外交史料馆所藏）。

[21] Memorandum of conversation between Rusk and Ohira, August 1,1963,RG59, Subject Numeric Files 1963, Box 3958, National Archives; letter, Ohira to Rusk, August 6,1963, Subject Numeric Files 1963, Box 3956, National Archives.

[22] 外务省经济局："第三届日美贸易经济联合委员会议事概要"，1964年2月（"日美经济联合委员会相关第三届委员会本会议议事概要"E'.2.3.1.17-3-3-1，外务省外交史料馆所藏）。

[23] 国会会议录检索系统 http://kokkai.ndl.go.jp/（2013年5月4日查阅）。

[24] Edwin L. Reischauer to Dean Rusk, cable 2335, April 4, 1963, Digital National Security Archive, http://nsarchive.chadwyck.com（2013年1月24日查阅）. 同时参照《每日新闻》1981年5月18日。

[25] 外务省美国局安全保障科：《关于带进核武器的事前协议》，1963年4月13日（"关于所谓'密约'问题的调查报告对象文书"——三，http://www.mofa.go.jp/mofaj/gaiko/mitsuyaku/pdfs/t_1960kaku.pdf，2013年5月7日查阅），东乡文彦北美局长：《有关装备的重要变更的事前协议》，1968年1月27日（同前，——五），U.Alexis Johnson (ambassador to Japan) to Rusk, cable 5074, January 26, 1968, Digital National Security Archive, http://nsarchive.chadwyck.com（2012年1月25日查阅）.

[26] 对菊地的采访（2012年12月24日）中也是相同的意思。

[27] 对菊地的采访，2012年12月24日。

[28] "日志"1962年7月20日至10月22日，10月23日至12月24日，大平正芳纪念馆旧藏（移至国立国会图书馆宪政资料室保管）。11月15日听取了高碕的归国报告。

[29] 外务省亚洲局中国课："有关高碕达之助议员访华（高碕、周

会谈记录)",1962年12月20日("本邦对中共贸易相关 民间贸易协定相关 高碕、廖备忘录交换（1962年）"E'.2.5.2.2-1-2.Reel E'-212,外务省外交史料馆所藏),"日、中共贸易"(2009—763,外务省外交史料馆所藏),古海忠之、周恩来会谈记录,1963年3月("宪政资料室收集文书"1349-7所收,国立国会图书馆宪政资料室所藏)。

[30] Memorandum of conversation between Rusk and Ohira, December 4,1962, Digital National Security Archive, http://nsarchive.chadwyck.com.（2012年1月24日查阅）。

[31] 外务省欧亚局西欧课："大平外务大臣访欧回忆录（昭和38年8月25日—9月10日）",1963年10月("大平外务大臣欧洲访问（1968.8）"第一卷,A'.1.5.3.5,外务省外交史料馆所藏)。

[32] 外务省欧亚局西欧课："大平外务大臣访欧回忆录（昭和38年8月25日—9月10日）"、西欧课："大平外务大臣、外相兰格挪威会谈概要",1963年8月30日("大平外务大臣欧洲访问挪威部分"A'.1.5.3.5-1,外务省外交史料馆所藏)。

[33] Memorandum of conversation between Ikeda,Ohira and Rusk, November 26, 1963, Subject Numeric Files 1963, Box 3958, National Archives.

[34] 据日志记载,仅仅是1963年12月下旬就在20、21、27、29、30日召开了会议。"日志"1963年10月24日至1964年1月23日,大平正芳纪念馆旧藏（移至国立国会图书馆宪政资料室保管）。

[35] 对菊地的采访,2012年12月24日。

[36] Reischauer to Rusk, cable 2389, February 11, 1964, Subject Numeric Files 1964-66, Box 2375, National Archives.

[37] 国会会议录检索系统 http://kokkai.ndl.go.jp/（2013年5月22日查阅）。

[38] "周恩来总理会见日本外宾村松谦三、竹山裕太郎、冈崎嘉平

太、古井喜实等的谈话记录",1964 年 4 月 18 日（105-01293-01，中华人民共和国外交部档案馆所藏），"周恩来总理会见日本外宾北村德太郎、川崎秀二、松本俊一、德田与吉郎的谈话记录"，5 月 14 日（105—01293—02，中华人民共和国外交部档案馆所藏），"周恩来总理接见北村德太郎等人谈话摘要（外交通报第 63 期）"，5 月 26 日（105—01297—02，中华人民共和国外交部档案馆所藏）。

[39] "蒋总统、大平大臣会谈概要"，1964 年 7 月 4 日（"大平外务大臣访问中华民国相关（1964.7）"第一卷，A'.1.5.1.8，外务省外交史料馆所藏），"总统接见日本外务大臣大平正芳谈话记录"，7 月 4 日（"大平正芳访华专卷"11-EAP-01018,012.22/0002，中央研究院近代史研究所所藏），对藤田公郎（外务省亚洲局中国课）的采访，2013 年 4 月 9 日。

[40] 对阿部的采访，2012 年 6 月 19 日。

第四章

[1] 大平正芳致辞书，1964 年 8 月，大平正芳纪念馆所藏。

[2] 森田芳子："父亲、大平正芳元首相（下）"（《日本经济新闻》2010 年 4 月 15 日晚报第 6 面）。大平周年祭会场在霞友会馆（大平正芳书信，1965 年 7 月 15 日，大平正芳纪念馆所藏）。

[3] 森田一致笔者的书信，2010 年 10 月 8 日。

[4] "前尾繁三郎记者招待会（速记）——参加总裁大选"，1968 年 11 月 1 日，东京王子酒店，笔者所藏。

[5] 对宇治的采访，2011 年 8 月 10 日。

[6] 对福川伸次（通商产业大臣秘书）的采访，2011 年 8 月 17 日。

[7] 爱知揆一外务大臣致驻美大使下田武三等，1969 年 5 月 14 日（"日美贸易/纤维问题（斯坦斯美国商务长官访日）"2010—6232，外务省外交史料馆所藏），爱知致下田等（同前）。

[8] 外务省美国局:"第七届日美贸易经济联合委员会议事概要",1969年9月("日美贸易经济联合委员会 第七次委员会 本会议 议事概要"E'.2.3.1.17-8-5-1,外务省外交史料馆所藏)。

[9] 对福川的采访,2011年8月17日。

[10] 驻捷克斯洛伐克大使小泽武夫致爱知,1969年10月27日("大平通商产业大臣欧洲访问相关(1969.10)"A'.1.5.3.12,外务省外交史料馆所藏)、汤川盛夫驻英大使致爱知,10月31日(同前)。

[11] 对福川的采访,2011年8月17日。

[12] 据小池(2008,80页)《开启日本的新世纪》中,宏池会事务局安田正治、福岛正光的原案中增加了大平的推敲、宏池会政策委员会的评语。

[13] 大平派干部会记录,1972年5月11日,笔者所藏。

[14] 大平、前尾会谈录,1972年5月13日,笔者所藏。

[15] 前尾谈话录,1972年5月17日,笔者所藏。

[16] 大平、前尾会谈录,1972年5月20日,笔者所藏。

[17] 大平派总会记录,1972年5月24日,笔者所藏。

[18] 大平派新干部会记录,初次会合,1972年5月29日,笔者所藏。

[19] 大平谈话录,1972年5月18日,笔者所藏。

第五章

[1] 深田宏美国局北美第一课长:"大平大臣8月11日日美协会演讲",1972年8月10日(外务省据信息公开法公示文书,2008-647-4)。

[2] 吉田健三亚洲局长:"大平大臣—彭大使会谈",1972年8月16日("日、台政治相关(日中邦交正常化的反响)"2011—715,外务省外交史料馆所藏)。

[3] "日美首脑会谈(第一次会谈)",1972年8月31日(外务省据

信息公开法公示文书，2008—645），"第一次联合会谈"，8月31日（同前），"日美首脑会谈（第二次会谈）"，9月1日（同前）。

[4]调查室："大平大臣关于日中关系的私话（记录）（于国际问题研究所）"，1973年2月1日〔"日中邦交正常化（重要资料）"2011—720，外务省外交史料馆所藏〕。

大平在1972年10月5日的恳谈录中有如下表述（笔者所藏）。

①与毛泽东主席的会见

并未出现在二阶堂官房长官的发表。

毛主席说："关于我与右派（尼克松及田中）合作一事，却是有来自内外的批判，但是我还是会与右派连手。"显示出他考虑得非常现实。

②收到《楚辞集注》

他在桌上堆放着的大量书籍中拿起最上面的一本，送给了我。那是一本新书，但是看似并不像是特意准备或是有很深意味。

③联合声明秘闻

"不正常的关系"——这是对方（中国）最终的表述。我们这一方是通过签署日华条约终结了战争，所以"战争状态的终结"这一表述会难以接受。所以我提出了"以发表联合声明开始日中之间全面的和平状态"这一方案。但是对此中国一直没有同意，就在这时毛泽东主席提出想要见面，我才内心觉得"这次可行了"。在当时还没有一个完整的表述方式。

我在记者活动中心发表的有关声明的解释以及对日台条约终结的声明是事先提交给中国方面并得到了他们认可的。过了半天之后中国方面说可以用这样的表述说明。这一举动似乎给中国留下了好印象。

[5]TBS电视台："决断的握手——理解与误解的日中30年秘史"（2002年9月29日）。

[6]外务省欧亚局大洋洲课："第一届日澳部长级委员会（概要报

告)",1972年10月28日〔"日澳阁僚委员会(第一届)"2010—4289,外务省外交史料馆所藏〕,欧亚局大洋洲课:"大平大臣与惠特拉姆澳州劳动党党首的会谈",10月24日(同前)。

大平在东京举办的第二届日澳部长级委员会上进行了基调演讲〔"第二届日澳部长级委员会大平大臣基调演讲",1973年10月29日,"日澳阁僚委员会(第二次)"2010—6325,外务省外交史料馆所藏〕。

[7] 外务省欧亚局大洋洲课:"大平大臣的NZ访问",1972年10月("大平外务大臣、足立农林大臣、佐佐木运输大臣、有田经济企划厅长官新西兰访问"2010—6367,外务省外交史料馆所藏)。

[8] 对浅井基文(驻澳大利亚大使馆书记)的采访,2012年12月27日。

[9] Memorandum of conversation between Nixon and Ohira, October 18,1972, Digital National Security Archive, http://nsarchive.chadwyck.com. (2012年1月26日查阅)

[10] 外务省欧亚局东欧第一课:"大平大臣、葛罗米柯大臣第一次会谈记录(日中正常化对苏说明部分)",1972年10月31日(外务省据信息公开法公示文书,01—1376,外务省外交史料馆所藏),东欧第一课:"大平大臣、葛罗米柯大臣第一次以及第二次会谈记录(日苏间诸多担心部分)",10月31日〔"大平外务大臣欧美访问相关一件(1962.9)A'.1.5.0.8-1,外务省外交史料馆所藏"〕,东欧第一课:"第三次大臣、葛罗米柯会谈记录(少数人会谈)",10月26日〔"大平外务大臣欧美访问相关一件(1962.9)A'.1.5.0.8-1,外务省外交史料馆所藏"〕,东欧第一课:"大平大臣与柯西金首相会谈要录",11月9日(同前)。

[11] Memorandum of conversation between Johnson and Ohira, August 31, 1972, Digital National Security Archive, http://nsarchive.chadwyck.com.(2012

年1月26日查阅）

[12] 外务省欧亚局东欧第一课："第10次日法定期协议议事录"，1973年5月〔"日法外务大臣定期协议（第9~14次）"2010—3599，外务省外交史料馆所藏〕。

[13] 驻比利时大使安倍勋致大平外务大臣，1973年5月7日（"大平外务大臣访问南斯拉夫"2011—169，外务省外交史料馆所藏）。

[14]《第九届日美贸易经济联合委员会联合声明》，1973年7月17日（《日美贸易经济联合委员会第九届委员会联合声明》E'.2.3.1.17-10-5，外务省外交史料馆所藏），memorandum of conversation between Rogers and Ohira, July 17, 1973, Digital National Security Archive, http://nsarchive.chadwyck.com.（2012年1月27日查阅）

[15] Memorandum of conversation between Rogers and Ohira, July 17, 1973, Digital National Security Archive, http://nsarchive.chadwyck.com.（2012年1月27日查阅）

[16] 对水野清（外务政务次官）的采访，2010年11月30日。

[17] 大平致驻韩大使后宫虎郎，1973年11月2日（外务省据信息公开法公示文书，2006—1211）。

[18] 对藤井宏昭（外务大臣秘书）的采访，2012年8月20日。

[19] 对木内昭胤（首相秘书）的采访，2010年6月19日。

[20] Memorandum of conversation between Kissinger and Ohira, September 24, 1973, Digital National Security Archive, http://nsarchive.chadwyck.com（2012年1月27日查阅），大平联合国演讲，1973年9月25日（外务省据信息公开法公示文书，2011—379），《我国外交的近况》下卷（资料篇）1974年版（第十八号）http://www.mofa.go.jp/mofaj/gaiko/bluebook/1974_2/s49-shirou-3-2.htm（2013年6月7日查阅）。9月26日在华盛顿，驻美大使安传壮与国务卿肯尼斯·拉什副缔结了日美棉制

品贸易规制交换公文("日美棉制品贸易限制处理",1973年9月26日,外务省据信息公开法公示文书,2011—377, 2011—378)。

[21] 外务省欧亚局西欧第一课:"第三次日伊定期协议议事录",1973年9月〔"日、意大利外务大臣定期协议(第三次)"2010—3644,外务省外交史料馆所藏),驻伊大使竹内春海致大平,10月2日(同前〕。

[22] 驻英大使森治树致大平,1973年10月2日(外务省据信息公开法公示文书,2011—410)。

[23] 驻德大使曾野明致大平,1973年10月23日("日、西德外务大臣定期协议"2011—774,外务省外交史料馆所藏),外务省"第六次日德外务大臣定期协议议事录",1973年10月5日(外务省据信息公开法公示文书,2011—109)。

[24] 外务省欧亚局东欧第一课:"田中总理访苏会谈记录",1973年10月(外务省据信息公开法公示文书,2011—109)。

[25] 对藤井的采访,2012年8月20日。

[26] Memorandum of conversation between Kissinger and Ohira, November 14, 1973, Digital National Security Archive, http://nsarchive.chadwyck.com(2012年1月27日查阅);Memorandum of conversation between Kissinger, Tanaka and Ohira, November 15, 1973("大平外务大臣……外务省外交史料馆所藏");对小长启一(首相秘书)的采访,2010年6月11日。

[27] 安川致大平,1974年2月11日("能源、华盛顿会议"2012—443,外务省外交史料馆所藏),安川致大平,2月12日(同前),安川致大平,2月13日("能源、华盛顿会议"2012—1926,外务省外交史料馆所藏),安川致大平,2月14日(同前)。

[28] Memorandum of conversation between Kissinger and Ohira, February 13,1974, Digital National Security Archive, http://nsarchive.chadwyck.com。

（2012 年 1 月 28 日查阅）

[29] 外务省经济局资源课："有关第六次能源调整小组会合上提出的机构问题的资料"，1974 年 7 月 10 日〔"国际能源机构（IEA）IEP 紧急融通部长级委员会"2010—1869，外务省外交史料馆所藏〕。

[30] 对木内的采访，2010 年 6 月 19 日。对于法眼的更迭一事，省内围绕着访苏时的联合声明问题、昭和天皇访美问题上的一系列举动也起到了一定的作用。

[31] 大平致驻华大使小川平四郎，1973 年 12 月 15 日（"日中贸易协定"2013—2004，外务省外交史料馆所藏）。

[32] 中国课长桥本恕致日中备忘录贸易事务所驻北京联络事务所代表藤田公郎，1972 年 11 月 25 日（外务省据信息公开法公示文书，04—1172，外务省外交史料馆所藏），日中备忘录贸易事务所驻北京联络事务所所长致大平，1972 年 12 月 5 日（外务省据信息公开法公示文书，04—203，外务省外交史料馆所藏），大平致驻华临时代里大使林祐一，1973 年 9 月 17 日（外务省据信息公开法公示文书，04—204，外务省外交史料馆所藏）。

[33] 对桥本恕（驻华日本大使馆参赞）的采访，2008 年 11 月 8 日，桥本致笔者的书信，12 月 15 日。

[34] 亚东关系协会东京办事处代表马树礼致交流协会理事长板垣修，1973 年 5 月 4 日（"中日航空"042.1/89014，11-EAP-01941，中央研究院近代史研究所所藏）。

[35] 对水野的采访，2010 年 11 月 30 日。

[36] 小川致大平，1974 年 1 月 4 日（外务省据信息公开法公示文书，01—1919，外务省外交史料馆所藏）。

[37] 小川致大平，1974 年 1 月 5 日（外务省据信息公开法公示文书，01—1377，外务省外交史料馆所藏）。

[38] 小川致大平，1974年1月5日（外务省据信息公开法公示文书，01—1377，外务省外交史料馆所藏）。

[39] 小川致大平，1974年1月5日（外务省据信息公开法公示文书，01—1919，外务省外交史料馆所藏）。

[40] 小川致大平，1974年1月6日（外务省据信息公开法公示文书，01—1377，外务省外交史料馆所藏）。

[41] 滩尾宏吉日华关系议员恳谈会会长"申请加入"，1974年1月18日（"中日航空"042.1/89005，11-EAP-01932，中央研究院近代史研究所所藏）。

[42] 对藤井的采访，2012年8月20日。

[43] 对木内的采访，2010年6月19日。

[44]《日本国与中华人民共和国间的航空运输协定》，1974年4月20日（外务省据信息公开法公示文书，04-1170，外务省外交史料馆所藏）。

[45] 亚东关系协会东京办事处致外交部，1974年8月5日（"中日航空"042.1/89005，11-EAP-01932，中央研究院近代史研究所所藏），椎名悦三郎"日中航空协定杂感"（"椎名悦三郎关系文书"六一，国立国会图书馆宪政资料室所藏）。

[46] 交流协会台北办事处致亚东关系协会，1974年4月18日（"中日航空"042.1/89033，11-EAP-01951，中央研究院近代史研究所所藏）。

[47] 沈昌焕外交部长声明，1974年4月20日（"中日航空"042.1/89006，11-EAP-01933，中央研究院近代史研究所所藏）。

[48] 沈声明，1975年7月9日（"中日航空问题新闻稿、谈话记录等"042.1/89020，11-EAP-01947，中央研究院近代史研究所所藏）。

第六章

[1] 外务省："纽约、Japan Society年度晚餐会上大平外务大

臣讲话（暂译）",1974年5月21日（"大平外务大臣访美关系（1974.5）"A'.1.5.2.19，外务省外交史料馆所藏）。

[2] Memorandum of conversation between Kissinger and Ohira, October 5,1974, Digital National Security Archive, http://nsarchive.chadwyck.com.（2012年1月28日查阅）

[3] 对大河原良雄（外务省官房长官）的采访，2012年11月28日。

[4] 对木内的采访，2010年6月19日。

[5] 松永信雄条约局长："有关事前协议问题"，1974年10月30日、外务省"密约"调查报告对象文书①94，http://www.mofa.go.jp/mofaj/gaiko/mitsuyaku/pdfs/k_1960kaku3.pdf（2012年6月30日查阅）。

[6] 对村口胜哉（自民党职员）的采访，2013年3月21日。

[7] 驻美大使安川壮致外务大臣宫泽喜一，1975年8月30日（"第一次主要国家首脑会谈"2013—1012，外务省外交史料馆所藏）。

[8] 大藏省"六国首脑会谈的讨论事项与思考方式"，1975年10月（"第一次主要国家首脑会谈"2013—1012，外务省外交史料馆所藏）、外务省"朗布依埃宣言成立的经由"，1975年（"第一次主要国家首脑会谈"2012—770，外务省外交史料馆所藏）。

[9] 对宇治的采访，2011年8月10日。

[10] 对福田康夫的采访，2012年10月13日，2013年1月16日。

[11] 对福田的采访，2012年10月13日。

[12] 外务省亚洲局中国课："邓小平副总理拜会大平自民党干事长"，1978年10月24日（外务省据信息公开法公示文书，04—1022，外务省外交史料馆所藏）。

第七章

[1] 关于田园都市构想，福田正光、安田正治成为了统筹者。对宇

治的采访，2011年8月26日。

[2] "大平正芳的政策纲要资料"，1978年11月27日，大平正芳纪念馆旧藏（移至国立国会图书馆宪政资料室保管）。

[3] 外务省国际资料部："关于'亚洲、太平洋区域构想'的第一次干部联络会讨论概要"，1967年1月12日〔"亚洲、太平洋地域协议会/设立经由（含第一次部长级会议）"2010—512，外务省外交史料馆所藏〕，国际资料部"为推进'亚洲、太平洋构想'的当前措施"1月31日（"亚洲、太平洋构想"2010—4241，外务省外交史料馆所藏）。

[4] 大平从1952年至1953年期间担任联合国亚洲远东经济委员会（ECAFE）的经济分析课长，经历了经济企划厅综合开发局长等职务后长期担任日澳调查委员会的日方委员长。大平安排大来负责环太平洋连带构想研究小组的同时，自己也成为环太平洋连带构想的推动者。大来主张以日澳关系为基轴发展长期且广泛的亚太环境，同时他与外务省欧亚局大洋洲课长中村顺一也有多年的交往。对中村顺一（外务省欧亚局大洋洲课长）的采访，2013年10月10日。

[5] 外务省亚洲局东南亚第一课："阮维贞越南社会主义共和国副首相兼外务大臣访日（记录）"，1978年1月10日（外务省据信息公开法公示文书，01—1234，外务省外交史料馆所藏）。

[6] 驻华大使吉田健三致园田直外务大臣，1979年8月19日（"日元贷款/对越南（第二次商品援助）"2012—1987，外务省外交史料馆所藏）。

[7] 外务省亚洲局东南亚第一课："江萨·差玛南泰国首相访日之际日泰首脑会谈要录"，1979年1月19日（外务省据信息公开法公示文书，03—118，外务省外交史料馆所藏）。

[8] "大平、邓小平会谈记录"，1979年2月7日（外务省据信息公开法公示文书，2010—268）。

[9] 驻美大使东乡文彦致园田，1979年5月3日（外务省据信息公

开法公示文书，2011—720）。

[10] Memorandum of conversation between Carter and Ohira, May 2, 1979, Digital National Security Archive, http://nsarchive.chadwyck.com.（2012年1月28日查阅）

[11] 驻菲律宾大使御巫清尚致园田，1979年5月11日（外务省据信息公开法公示文书，2011—730）。

[12] 国际联合局经济课："对第五次UNCTAD上大平总理演讲的评价"，1979年5月19日〔"UNCTAD第五次总会/调查（大平总理大臣演讲、结果、评价）"2013—1570，外务省外交史料馆所藏〕, general statement by Ohira to the fifth session of United Nations Conference on Trade and Developement, May 10, 1979（外务省据信息公开法公示文书，2011—731）。

根据Ministry of Foreign Affairs, "PRIME MINISTER OHIRA'S ATTENDANCE AT UNCTAD V AND VISIT TO THE REPUBLIC THE PHILIPPINES." May 1979（"宫崎弘道相关文书"256，国立国会图书馆宪政资料室所藏）所记载，当时UNCTAD的成员国共有158个国家。

[13] 对谷口诚（联合国代表部参事官）的采访，2012年6月8日。

[14] 御巫致园田，1979年5月12日〔"日澳首脑会谈（UNCTAD第六次总会）"2010—6305，外务省外交史料馆所藏〕。

[15] 大河原良雄驻澳大利亚大使致园田，1979年4月11日〔"大平外务大臣欧美访问相关一件（1962.9）A'.1.5.0.8-1，外务省外交史料馆所藏"〕，御巫致园田，5月11日（同前），外务省欧亚局大洋洲课："日澳首脑会谈（干部会报告用）"，5月12日（同前），大洋洲课："日耗首脑会谈议事要录（5月11日，于马尼拉）"，5月14日（同前），御巫致园田，1979年5月11日（外务省据信息公开法公示文书，2011—732）。

[16] 对佐藤嘉恭（首相秘书）的采访，2010年10月2日。

[17] 外务省经济局"第五次主要国首脑会谈议事录"，1979年6月

28、29日（外务省据信息公开法公示文书，2011—732）。

[18] 对福川伸次（首相秘书）的采访，2011年8月17日。

[19] 大平谈话录，1980年1月1日，笔者所藏。

[20] 外务省亚洲局中国课："谷牧副总理访日（与政府首脑的会谈）"，1979年9月10日（外务省据信息公开法公示文书，01—1921，外务省外交史料馆所藏）。

[21] 对中村顺一（外务省经济局协力局经济协力第一课课长）的采访，2013年11月21日。

[22] 对佐藤的采访，2010年10月2日。

[23] 吉田健三驻华大使致大来佐武郎外务大臣，1979年12月6日（外务省据信息公开法公示文书，010—269），吉田致大来，12月7日（同前），外务省亚洲局中国课："大平总理访问中国（意义与评价）"，12月10日（同前）。

[24] 对藤田公郎（外务省经济协力局局长）的采访，2013年5月17日。

[25] 对法眼健作（外务省欧亚局大洋洲课课长）的采访，2013年5月15日。

[26] 外务省欧亚局大洋洲课："大平总理访问澳洲、新西兰（首脑会谈等议事录议事概要）"，1980年1月（外务省据信息公开法公示文书，2011—721），大洋洲课："大平总理访问澳洲、NZ（意义与评价）"，1月24日（外务省据信息公开法公示文书，03—201，外务省外交史料馆所藏）。

[27] 对大河原良雄（驻澳大利亚大使）的采访，2012年11月28日。也有强调APEC的断绝性和通商产业省作用的研究（大矢根，2012，120页）。

[28] 外务省欧亚局大洋洲课："大平总理访问澳洲、新西兰（首脑会谈等议事录议事概要）"。

[29] 根据对加藤纮一（官房副长官）的采访（2012年6月27日），大平提出要探讨这个问题是在商讨国会答辩要点的时候，对于大平来说无核三原则与核潜艇的入港相关的答辩是非常令人苦恼的。

[30] 外务省北美局北美第一课："日美首脑会谈"，1980年5月2日（外务省据信息公开法公示文书，2011—477）。

[31] 驻墨西哥大使松永信雄致大平，1980年1月26日（"墨西哥外交"2013—346，外务省外交史料馆所藏）。

[32] 大平、波蒂略会谈记录，1980年5月2日、5月3日（外务省据信息公开法公示文书，2011—476），日墨共同声明，1980年5月3日〔"大平外务大臣访问欧美相关一件（1962.9）A'.1.5.0.8-1，外务省外交史料馆所藏"〕。

[33] 之后，田中六助通商产业大臣及事务当局在铃木善幸内阁时期访问了墨西哥，进一步协商石油供给与日元贷款。中村，1982b，10—13页、对中村的采访，2013年11月21日。

[34] 驻加拿大大使须磨未千秋致大来，1980年5月5日（外务省据信息公开法公示文书，2011—475），驻温哥华总领事大森诚一致大来，5月6日（同前）。

[35] 原口邦纮（驻加拿大日本大使馆书记）致笔者的书信，2010年3月4日。

[36] 对佐藤的采访，2010年10月2日。

[37] 驻南斯拉夫大使中江要介致大来，1980年5月9日（"大平总理出席铁托大总统国葬"2013—983，外务省外交史料馆所藏）。

[38] 驻德大使吉野文六致大来，1980年5月9日（外务省据信息公开法公示文书，2011—480），中江致大来，5月10日（外务省据信息公开法公示文书，2011—479）。

[39] 吉野致大来，1980年5月9日（外务省据信息公开法公示文书，

2011—478），吉野致大来，5月10日（同前），外务省欧亚局西欧第一课"大平总理、西德经济大臣拉姆兹多夫会谈"，5月10日（同前），西欧第一课"大平总理、施密特首相会谈（午餐会）"，5月10日（同前）。

[40] 对一位外交官的采访，2010年4月1日。

[41] 中江致大来，1980年5月10日（"铁托总统去世"2013—984，外务省外交史料馆所藏）。

终章

[1] 大平致吉田健三驻华大使，1980年5月28日（外务省据信息公开法公示文书，04—1024，外务省外交史料馆所藏），外务省亚洲局中国课："华国锋总理访日首脑会谈等发言（按项目分类）"，6月2日（外务省据信息公开法公示文书，02—110，外务省外交史料馆所藏）。

[2] 伊东正义谈话录，1980年6月12日，笔者所藏。

[3] 死亡诊断书，1980年6月12日，大平正芳纪念馆旧藏（移至国立国会图书馆宪政资料室保管）。

[4] 福瑞泽向在澳大利亚的日本大使馆表示哀悼。对田岛高志（驻澳大利亚大使馆公使）的采访，2011年11月14日。

[5] Letter, John K.Emmerson to Shigeko Ohira, June 13, 1980, John K.Emmerson Papers, Box 8, Hoover Institute, Stanford University.

[6] "华国锋总理访问大平总理私宅"，1980年7月9日，大平正芳纪念馆旧藏（移至国立国会图书馆宪政资料室保管），"卡特总统访问大平总理私宅"，7月9日（同前）。

[7] 伊藤昌哉表示如果大平没有去世，那么自民党会在选举中败北。伊藤谈话录，1999年11月4日，笔者所藏。

[8] 参考了2010年4月6日每日放送广播节目的森田一的发言。

参考文献

〔日本〕浅野丰美·吉泽文寿·李东俊编辑·解说:《日韩邦交正常化问题资料 基础资料篇 第六卷 日韩邦交正常化交涉的记录》,现代史料出版,2011。

〔日本〕阿部穆:《为"台湾"问题操碎了心的大平外交》,公文俊平·香山健一·佐藤诚三郎监修:《大平正芳 政治的遗产》,大平正芳纪念财团,1994。

〔日本〕新井弘一:《莫斯科·柏林·东京——一位外交官的证言》,时事通信社,2000。

〔日本〕新井俊三、森田一:《文人宰相大平正芳》,春秋社,1982。

〔日本〕科尼利厄斯·K.饭田:《翻译听到的日美首脑会谈》,《文艺春秋》1989年4月号。

〔日本〕五百旗头真、伊藤元重、药师寺克行编:《森喜朗 自民党与政权交替》,朝日新闻出版,2007。

〔日本〕五百旗头真、伊藤元重、药师寺克行编:《冈本行夫 贯彻了现场主义的外交官》,朝日新闻出版,2008。

〔日本〕池上万奈:《第一次石油危机中的日本外交——石油确保与日美关系》,《法学政治学论究》第七九号,2008。

〔日本〕池田慎太郎:《池田外交与自民党——以政权前半期为中

心》,波多野澄雄编:《池田·佐藤政权时期的日本外交》,雅典娜书房,2004。

〔日本〕池田慎太郎:《自民党的"亲韩派"与"亲台派"——以岸信介·石井光次郎·船田中为中心》,李钟元、木宫正史、浅野丰美编:《作为历史的日韩邦交正常化》I,法政大学出版局,2011。

〔日本〕池田直隆:《日美关系与"两个中国"——池田·佐藤·田中内阁时期》,木铎社,2004。

〔日本〕池田满枝:《他是一位内心温柔的人》,大平正芳纪念财团编:《去华就实 闻书大平正芳》,大平正芳纪念财团,2000。

〔日本〕池田行彦:《身边的哲人政治家》,大平正芳纪念财团编:《去华就实 闻书大平正芳》,大平正芳纪念财团,2000。

〔日本〕石井明:《让日本与西德竞争——周恩来的战略邦交正常化外交》,《世界》二〇一二年一〇月号。

〔日本〕石井修:《第二次日美纤维战争(一九六九年——一九七一年)——迷走的一〇〇〇日》,《一桥法学》第八卷第二号,2009a。

〔日本〕石井修监修:《美利坚合众国对日政策文书集成》第二五期第二、三卷,柏书房,2009b。

〔日本〕石井修:《从零知道核密约》,柏书房,2010。

〔日本〕石川真澄:《人物战后政治——我所遇见的政治家们》,岩波现代文库,2009。

〔日本〕伊藤昌哉:《池田勇人 其生与死》,至诚堂,1966。

〔日本〕伊藤昌哉:《池田内阁的掌舵人》,大平正芳纪念财团编:《去华就实 闻书大平正芳》,大平正芳纪念财团,2000。

〔日本〕伊藤昌哉:《自民党战国史》上下卷,ちくま文库,2009。

〔日本〕伊东正义:《四十日抗争》,读卖新闻政治部编:《权力的中枢谈自民党的三十年》,读卖新闻社,1985。

〔日本〕伊东正义：《叫作大平正芳的政治家》，公文俊平、香山健一、佐藤诚三郎监修：《大平正芳 政治的遗产》，大平正芳纪念财团，1994。

〔日本〕伊东正义：《四十日抗争》，大平正芳纪念财团编：《去华就实 闻书大平》，大平正芳纪念财团，2000。

〔日本〕伊奈久喜：《担任战后日美交涉的男人——外交官·东乡文彦的生涯》，中央公论新社，2011。

〔日本〕井上正也：《日中邦交正常化的政治史》，名古屋大学出版会，2010。

〔日本〕岩手放送编：《元总理铃木善幸 谈动荡的日本政治 战后四十年的验证》，岩手日报社，1991。

〔日本〕岩见隆夫：《演说力》，原书房，2009。

〔日本〕岩见隆夫：《政治家》，每日新闻社，2010a。

〔日本〕岩见隆夫：《总理的女儿——不为人知的权力者的素颜》，原书房，2010b。

〔日本〕宇治敏彦：《铃木政权·863日》，行政问题研究所，1983。

〔日本〕宇治敏彦：《盟友·对田中角荣的用心》，同编：《首相列传——从伊藤博文到小泉纯一郎》东京书籍，2001。

〔日本〕宇治敏彦：《实写1955年体制》，第一法规，2013。

〔日本〕海野甚之助：《三陆海岸的回忆》，大平正芳纪念财团编：《追忆大平志子夫人》，大平正芳纪念财团，1991。

〔日本〕NHK取材班：《NHK特别版 战后五十年时的日本 第五卷 对石油危机·幻影恐惧的六十九日 国铁劳资纷争·夺回罢工权利罢工的冲击》，日本放送出版协会，1996。

〔日本〕老川祥一：《政治家的胸中——用真声追忆政治史的现场》，藤原书店，2012。

〔日本〕大河原良雄:《口述历史 日美外交》:日本时报,2006。

〔日本〕大来佐武郎:《美国的伦理 日本的对应——日美摩擦二十年的记录》,日本时报,1989。

〔日本〕大来佐武郎:《经济外交的一生》,东洋经济新闻社,1992。

〔日本〕大泽武司:《解读文革时期中国的对日政策构成——〈王保平日记〉的史料价值》,《东方》第三八八号,2013。

〔日本〕王泰平、山本展男监译/仁子真裕美译:《那时的日本与中国——外交官特派员的回忆》,日本侨报社,2004。

〔日本〕王泰平、福冈爱子译:《"日中邦交恢复"日记——外交部"特派员"眼中的日本》,勉城出版,2012。

〔日本〕太田昌克:《盟约的阴暗——"核之伞"与日美同盟》,日本评论社,2004。

〔日本〕太田昌克:《日美"核密约"的全貌》,筑摩书房,2011。

〔日本〕太田昌克:《秘录 核问题独家报道的背后》,讲谈社,2013。

〔日本〕大庭三枝:《亚太地区形成的道路——边界国家日澳的自我认识与地区主义》,雅典娜书房,2004。

〔日本〕大平正芳:《日韩条约是如何形成的》,《外交时报》第一〇二四号,1966。

〔日本〕福永文夫监修:《大平正芳全著作集》第一卷,讲谈社,2010。

〔日本〕福永文夫监修:《大平正芳全著作集》第二卷,讲谈社,2010。

〔日本〕福永文夫监修:《大平正芳全著作集》第三卷,讲谈社,2010。

〔日本〕福永文夫监修:《大平正芳全著作集》第四卷,讲谈社,2010。

〔日本〕福永文夫监修:《大平正芳全著作集》第五卷,讲谈社,2010。

〔日本〕福永文夫监修:《大平正芳全著作集》第六卷,讲谈社,2010。

〔日本〕福永文夫监修:《大平正芳全著作集》第七卷,讲谈社,2010。

〔日本〕大失根聪:《国际体制与日美的外交构想——WTO·APEC·FTA的转换局面》,有斐阁,2012。

〔日本〕小川平四郎:《北京的四年》,同声出版会,1977。

〔日本〕翁久次郎:《总理的风格》,公文俊平、香山健一、佐藤诚三郎监修:《大平正芳政治的遗产》,大平正芳纪念财团,2000。

〔日本〕於久昭臣:《游说中与全日本同行》,大平正芳纪念财团编:《去华就实 闻书大平正芳》,大平正芳纪念财团,2002。

〔日本〕奥岛贞雄:《自民党干事长室的三十年》:中央公论新社,2002。

〔日本〕小国宏:《信念与用心之人》,大平正芳纪念财团编:《去华就实 问书大平正芳》,大平正芳纪念财团,2000。

〔日本〕奥野诚亮:《不赖派系、不忘仁义——奥野诚亮回忆录》,PHP研究所,2002。

〔日本〕小熊旭·川岛真:《何为"大平学校"(1980年)——日中知识交流事业的周折》,〔日本〕园田茂人编:《日中关系史 一九七二—二〇一二 III 社会·文化》,东京大学出版会,2012。

〔日本〕小仓和夫:《记忆与考证 日中实务协定交涉》:岩波书店,2010。

〔日本〕折田正树：《有关日美安保条约的事前协议与核带入"密约"问题》，秋月弘子、中谷和弘、西海真树编：《作为人类路牌的国际法——向着和平、自由、繁荣》，国际书院，2011。

〔日本〕外务省情报文化局编：《今后的日本外交——询问大平外务大臣》，外务省，1973。

〔日本〕霞山会：《日中关系基本资料集 一九七二年—二〇〇八年》，霞山会，2008。

〔日本〕梶原武俊：《政界是妒忌的海洋》，木村贡：《总理的品格——官邸秘书官眼中历代宰相的素颜》，德间书店，2006。

〔日本〕加藤纮一：《我师·追忆大平正芳》，公文俊平、香山健一、佐藤诚三郎监修：《大平正芳 政治的遗产》，大平正芳纪念财团，1994。

〔日本〕加藤纮一：《当今政治应该做什么——新世纪日本的设计图》，讲谈社，1999。

〔日本〕加藤纮一：《大平内阁的理想与实态》，大平正芳纪念财团编：《去华就实 闻书大平正芳》，大平正芳纪念财团，2000。

〔日本〕加藤纮一：《新日本的形态》：钻石社，2005。

〔日本〕金丸信：《立技寝技》，日本经济评论社，1988。

〔日本〕我部政明：《冲绳返还到底是什么——在日美战后交涉史中》，日本放送出版协会，2000。

〔日本〕川内一诚：《大平政权·五五四日 拼上自己的性命保护了保守政治》，行政问题研究所，1982。

〔日本〕川岛真、毛利和子：《全球化中国的道路——外交一五〇年》，岩波书店，2009。

〔日本〕神田丰隆：《冷战结构的变化与日本的对华外交——两个秩序观 一九六〇—一九七二》，岩波书店，2012。

〔日本〕菅英辉：《为何冷战后日美安保仍能存续》，菅英辉、石田正治编著:《二一世纪的安全保障与日美安保体制》,雅典娜书房,2005。

〔日本〕菊地清明:《池田内阁的外相时代》,大平正芳纪念财团编:《去华就实 闻书大平正芳》,大平正芳纪念财团,2000a。

〔日本〕菊地清明:《以平常心做外交的人》,大平正芳纪念财团编:《去华就实 闻书大平正芳》,大平正芳纪念财团,2000b。

〔日本〕岸信介、矢次一夫、伊藤隆:《岸信介的回忆》,文艺春秋,1981。

〔日本〕北冈伸一:《自民党——执政党的三八年》,中公文库,2008。

〔日本〕北冈伸一:《日本政治的崩溃——如何度过第三次战败》,中央公论新社,2012。

〔日本〕岐阜新闻社编著:《至诚一贯 武藤嘉文》,岐阜新闻社,2008。

姬鹏飞:《追忆我的朋友 大平正芳先生》,公文俊平、香山健一、佐藤诚三郎监修:《大平正芳 政治的遗产》,大平正芳纪念财团,1994。

〔日本〕木宫正史:《韩国对日导入资金的最大化和最优化》,李钟元、木宫正史、浅野丰美:《作为历史的日韩邦交正常化》I,法政大学出版局,2011。

波佐厂清、康宗宪译:《金大中自传 I 从死刑犯到总统——民主化的道路》,岩波书店,2011。

〔韩国〕金斗升:《池田勇人政权的对外政策与日韩交涉——内政外交中的"政治经济一体路线"》,明石书店,2008。

〔日本〕木村隆和:《LT贸易的轨迹——官制日中"民间"贸易协定所追求的》,《历史》第二一六号,2009。

〔日本〕木村贡:《将遗物作为心灵支柱》,大平正芳纪念财团编:

《去华就实 闻书大平正芳》，大平正芳纪念财团，2000。

〔日本〕木村贡：《总理的品格——官邸秘书官眼中历代宰相的素颜》，德间书店，2006。

近代日本史料研究会：《田村元口述历史》上卷，近代日本史料研究会，2006a。

近代日本史料研究会：《细田吉藏口述历史》下卷，近代日本史料研究会，2006b。

近代日本史料研究会，《国广道彦口述历史》上卷，近代日本史料研究会，2008。

〔日本〕国广道彦：《日中航空协定交涉的关键时刻》，公文俊平、香山健一、佐藤诚三郎监修：《大平正芳 政治的遗产》，大平正芳纪念财团，1994。

〔日本〕国正武重：《权利的病室——大平总理最后的十四天》，文艺春秋，2007。

公文俊平：《大平正芳的时代认识》，公文俊平、香山健一、佐藤诚三郎监修：《大平正芳 政治的遗产》，大平正芳纪念财团，1994。

〔日本〕公文俊平、香山健一、佐藤诚三郎监修：《大平正芳 人与思想》，大平正芳纪念财团，1990。

〔日本〕公文俊平、香山健一、佐藤诚三郎监修：《大平正芳 政治的遗产》，大平正芳纪念财团，1994。

〔日本〕栗原祐幸：《大平原总理与我》，广济堂出版，1990。

〔日本〕栗原祐幸：《证言·本心的政治——战后政治的舞台背后》，内外出版，2007。

〔日本〕栗山尚一/中岛琢磨、服部龙二、江藤明保子编：《外交证言录 冲绳返还·日中邦交正常化·日美"密约"》，岩波书店，2010。

〔日本〕黑崎辉：《核武器与日美关系——美国的核不扩散外交与

日本的选择 一九六〇——一九七六》,有志社。

〔日本〕小池圣一:《近代日本文学书研究序说》,现代史料出版,2008。

〔日本〕香山健一:《大平正芳的政治哲学》,公文俊平、香山健一、佐藤诚三郎监修;《大平正芳 政治的遗产》,大平正芳纪念财团,1994。

〔日本〕小粥正巳:《追求健全财政》,大平正芳纪念财团编:《去华就实 闻书大平正芳》,大平正芳纪念财团,2000。

〔日本〕国立国会图书馆主题情报部:《贺屋兴宣政治谈话录音速记》第二卷,国立国会图书馆宪政资料室所藏,2006。

〔日本〕小坂善太郎:《那之后这之后——体验的战后政治史》,牧羊舍,1981。

〔日本〕小谷哲男:《围绕航母"midway"的横须贺母港化的日美关系》,《同志社美国研究》第四一号,2005。

〔日本〕后藤田正晴/御厨贵监修:《情与理——剃刀后藤田回忆录》下卷,讲谈社+α文库,2006。

〔日本〕后藤田正晴:《我的履历书》,岸信介、河野一朗、福田赳夫、后藤田正晴、田中角荣、中曾根康弘:《我的履历书 保守政权的领导者》,日经经贸文库,2007。

〔日本〕小西德应:《三木武夫的政治绝对性——研究的前提试论》,明治大学史资料中心监修/小西德应编:《三木武夫研究》,日本经济评论社,2011。

〔日本〕小宫京:《三木武夫研究序说——"巴尔干政治家"的政治资源》,《桃山法学》第二二号,2013。

〔日本〕今野耿介:《通过插曲看到的大平形象》:公文俊平、香山健一、佐藤诚三郎监修,《大平正芳 政治的遗产》,大平正芳纪念财团,1994。

〔日本〕齐藤镇男:《外交》,同声出版会,1991。

〔日本〕坂元一哉:《日美同盟的难题——迎接"花甲"的安保条约》,PHP研究所,2012。

〔日本〕石塚雅彦译:《撒切尔回忆录》上卷,日本经济新闻社,1993。

〔日本〕佐藤昭子:《田中角荣》,经济界,2005。

〔日本〕佐道明广:《大平正芳——"保守本流"的使命感》,佐道明广、小宫一夫、服部龙二编:《通过人物看现代日本外交史——从近卫文麿到小泉纯一郎》,吉川弘文馆,2008。

〔日本〕佐藤一齐/岬龙一郎编译:《〈现代语抄译〉言志四录》,PHP研究所,2005。

〔日本〕佐藤荣作/伊藤隆监修:《佐藤荣作日记》第二卷,朝日新闻社,1998。

〔日本〕佐藤荣作/伊藤隆监修:《佐藤荣作日记》第四卷,朝日新闻社,1997。

〔日本〕佐藤晋:《日本的区域构想与亚洲外交》,和田春树、后藤乾一、木畑洋一、山室信一、赵景达、中野聪、川岛真编:《岩波讲座东亚近现代通史 第九卷 经济发展与民主革命 一九七五——一九九〇年》,岩波书店,2011。

〔日本〕佐藤晋:《全球化与日本外交——国际经济混乱与中国崛起的"冲击"当中》,波多野澄雄编著:《冷战变容时期的日本外交——"软肉大国"的危机与摸索》,雅典娜书房,2013。

〔日本〕佐藤晋、井上正也:《危机中的日美关系——一九六〇年代》,日美协会编:《另一个日美交流史——从日美协会资料看二〇世纪》,中央公论新社,2012。

〔日本〕佐藤诚三郎:《大平正芳的政治姿势》,公文俊平、香山健一、佐藤诚三郎监修：《大平正芳 政治的遗产》，大平正芳纪念财团，1994。

〔日本〕佐藤嘉恭：《大平首脑外交的回顾》：公文俊平、香山健一、佐藤诚三郎监修：《大平正芳政治的遗产》，大平正芳纪念财团，1994。

〔日本〕佐藤嘉恭：《对弱者的姿势》，大平正芳纪念财团编：《去华就实 闻书大平正芳》，大平正芳纪念财团，2000。

〔日本〕盐川正十郎：《一位凡人的告白——轨迹与证言》，藤原书店，2009。

〔日本〕信服隆司：《若泉敬与日美密约——围绕冲绳返还与纤维交涉的密使外交》，日本评论社，2012。

〔日本〕岛桂次：《宽容与忍耐之人》，公文俊平、香山健一、佐藤诚三郎监修：《大平正芳 政治的遗产》，大平正芳纪念财团，1994。

〔日本〕岛桂次：《他是一位很有耐心的人》，大平正芳纪念财团编：《去华就实 闻书大平正芳》，大平正芳纪念财团，2000。

〔日本〕清水丽：《日华断交与七二年体制的形成——一九七二—七八年》，川岛真、清水丽、松田康博、杨永明：《日台关系史一九四五—二〇〇八》，东京大学出版会，2000。

自由民主党政务调查会编：《自由民主党新政策解说——为了创造更为光明而富有的未来》，1960。

徐一平：《大平正芳与中国的日本语教育》，川西重忠、徐一平、佐佐木龙地编：《可以从大平正芳身上学习——大平正芳诞辰一〇〇周年纪念》，樱美林大学东北亚综合研究所，2011。

萧向前/竹内实译：《作为永远的邻国》，同声出版会，1997。

徐承元：《日本的经济外交与中国》，庆应义塾大学出版会，2004。

〔日本〕白鸟润一郎：《国际能源机构的设立于日本外交——第一次石油危机中发达国家间协调的摸索》，《国际政治》第一六〇号，

2010。

〔日本〕白鸟润一郎:《第一次石油危机中的日本外交再考——消费国之间协调参划与中东政策"明确化"》,《法学政治学论究》第八九号,2011。

〔日本〕杉浦康之:《知日派的对日工作——以东京联络事务处的成立过程及其活动为中心》,王雪萍编著:《战后日中关系与廖承志——中国的知日派与对日政策》,庆应义塾大学出版会,2013。

〔日本〕铃木善幸:《共同历尽艰辛的关系》,大平正芳纪念财团编:《去华就实 闻书大平正芳》,大平正芳纪念财团,2000。

〔日本〕铃木宏尚:《池田政权与高速增长期的日本外交》,庆应义塾大学出版会,2013。

政策研究大学院大学 C.O.E 口述政策研究项目:《伊藤圭一口述历史》下卷,政策研究大学院大学,2003。

政策研究大学院大学 C.O.E 口述政策研究项目:《菊地清明口述历史》上卷,政策研究大学院大学,2004a。

政策研究大学院大学 C.O.E 口述政策研究项目:《宫崎弘道口述历史"》,政策研究大学院大学,2004b。

政策研究大学院大学 C.O.E 口述政策研究项目:《柳谷谦介口述历史》上、中卷,政策研究大学院大学,2005。

〔日本〕添谷芳秀:《日本的"中等国家"外交》,筑摩新书,2005。

孙平化/安藤彦太郎译:《和日本的三十年——中日友好随想录》,讲谈社,1987。

孙平化:《架起中国和日本桥梁的人》,日本经济新闻社,1998。

〔日本〕高濑弘文:《战后日本的经济外交——"日本印象"的重新定义与"恢复信用"的努力》,信山社,2008。

〔日本〕高桥和宏:《美元防卫与日美关系 一九六三——一九六五》,《外交史料馆报》第二四号,2011。

〔日本〕高安健将:《首相的权力——从日英比较看与执政党的活力》,创文社,2009。

〔日本〕田川诚一:《日中交流与自民党领袖》,读卖新闻社,1983。

〔日本〕竹内靖雄:《大平正芳的经济·财政运营及其思想》,公文俊平、香山健一、佐藤诚三郎监修:《大平正芳 政治的遗产》,大平正芳纪念财团,1994。

〔日本〕竹下登:《证言 保守政权》,读卖新闻社,1991。

〔日本〕竹下登/政策研究大学院大学C.O.E口述政策研究项目监修:《何为政治——竹下登回顾录》,讲谈社,2001。

〔日本〕田所昌幸:《超越美元的"美国"——金融全球化与通货外交》,中央公论新社,2001。

〔日本〕田中角荣:《回忆大平正芳君》,大平正芳回忆录刊行会编:《大平正芳回忆录——追忆编》,大平正芳回忆录刊行会,1981。

〔日本〕田中均:《外交的力量》,日本经济新闻出版社,2009。

〔日本〕田中均、田原总一郎:《国家与外交》,讲谈社,2005。

〔日本〕田中六助:《大平正芳的人与政治》,朝日有声,1981。

〔日本〕田中六助:《完成历史使命的人》,大平正芳纪念财团编:《去华就实 闻书大平正芳》,大平正芳纪念财团,2000。

〔日本〕田村重信、丰岛典雄、小枝义人:《日华断交与日中邦交正常化》,南窗社,2000。

〔日本〕田村元:《时代的证言者一二 大平首相突然逝世结束抗争》,《读卖新闻》二〇〇七年五月三〇日。

〔日本〕丹波實:《我的外交人生》,中央公论新社,2011。

陈冠任/川岛真译：《日华断交后的航空交涉——一九七二—七五年》，《近在咫尺》第五六号，2009。

〔日本〕辻井乔、国正武重、森田芳子：《消费税增税应当学习大平正芳》，《文艺春秋》二〇一〇年八月号。

〔美国〕I.M.戴思乐、〔日本〕福井治弘、〔日本〕佐藤英夫：《日美纤维战争》，日本经济新闻社，1980。

〔日本〕寺田贵：《东亚与亚太——竞争的地域同和》，东京大学出版会，2013。

田凯：《环太平洋连带构想的诞生（二）——围绕亚太地区形成的日豪中的外交主导权》，《北大法学论集》第六三卷第六号，2013。

〔日本〕丰田祐基子：《"同谋"的同盟史——日美密约与自民党政权》，岩波书店，2009。

内阁总理大臣官房编：《"故大平正芳"内阁·自由民主党合同葬礼记录》，大藏省印刷局，1981。

〔日本〕中江要介：《剩下的社会主义大国 中国的去向》，KK畅销书系列，1991。

〔日本〕中江要介：《围绕历史认识问题》，《外交研讨 临时增刊 中国》，1997。

〔日本〕中江要介/若月秀和、神田丰隆、楠绫子、中岛琢磨、升亚美子、服部龙二编：《亚洲外交 动与静——原中国大使中江要介口述历史》，苍天社出版，2010。

〔日本〕长尾赖隆：《大平总理的人格》，公文俊平、香山健一、佐藤诚三郎监修：《大平正芳 政治的遗产》，大平正芳纪念财团，1994.。

〔日本〕中岛信吾：《战后日本的防卫政策——围绕"吉田路线"的政治·外交·军事》，庆应义塾大学出版会，2006。

〔日本〕中岛琢磨：《冲绳返还和日美安保体制》，有斐阁，2012a。

〔日本〕中岛琢磨:《高速增长与归还冲绳 一九六〇——一九七二》,吉川弘文馆,2012b。

〔日本〕中岛敏次郎/井上正也、中岛琢磨、服部龙二:《外交证言録 日美安保·归还冲绳·天安门事件》,岩波书店,2012。

〔日本〕中岛宏:《王泰平/福冈爱子译"日中恢复邦交"日记——外交部"特派员"眼中的日本》,《中国研究月报》第六七卷第四号,2013。

〔日本〕中曾根康弘:《政治与人生——中曾根康弘回忆录》,讲谈社,1992。

〔日本〕中曾根康弘:《天地有情》,文艺春秋,1996。

〔日本〕中曾根康弘:《带着理念求道的政治家》,大平正芳纪念财团编:《去华就实 闻书大平正芳》,大平正芳纪念财团,2000。

〔日本〕中曾根康弘:《自省录 作为历史法庭的被告》,新潮社,2004。

〔日本〕中岛琢磨、服部龙二、升亚美子、若月秀和、道下德成、楠绫子、濑川高央:《中曾根康弘谈战后日本外交》,新潮社,2012。

〔日本〕长富祐一郎:《超越现代——已故大平总理所留下的》上卷,大藏财务协会,1983。

〔日本〕长富祐一郎:《环太平洋连带构想》,公文俊平、香山健一、佐藤诚三郎监修:《大平正芳 政治的遗产》,大平正芳纪念财团,1994。

〔日本〕长富祐一郎:《大平政策研究会的意义》,大平正芳纪念财团编:《去华就实 问书大平正芳》,大平正芳纪念财团,2000。

〔日本〕长富祐一郎:《环太平洋连带构想的倡议》,渡边昭夫编:《亚太连带构想》,NTT出版,2005。

〔日本〕中西宽:《综合安全保障论的文脉——权利政治与相互依存的交错》,《年报政治学》,1997。

〔日本〕中野士郎:《田中政权·八八六日》,行政问题研究所,1982。

〔日本〕永野信利:《外务省研究》,同声出版会,1975。

〔日本〕中村顺一:《对中国资金协助的开端》,《月刊APIC》一九八二年四月号。

〔日本〕中村顺一:《对墨西哥日元贷款》,《月刊APIC》一九八二年五月号。

〔日本〕新泻日报社编:《日中邦交正常化——即将揭开的舞台背后》,新泻日报社事业社,2012。

倪志敏:《大平内阁的第一次对华政府借款》,《龙谷大学经济学论集》第四二卷第五号,2003a。

倪志敏:《大平正芳与日韩交涉——以"大平·金记录"的议论为中心》,《龙谷大学经济学论集》第四三卷第五号,2003b。

倪志敏:《池田内阁的中日关系与大平正芳》(其一)(其二)(其三),《龙谷大学经济学论集》第四五卷第五号、第四六卷第五号、第四七卷第三号、第四八卷第三、四号。

倪志敏:《有关大平正芳与中日间的经济·外交的研究——张家口时代到LT贸易·中日恢复邦交·对华日元贷款》,《龙谷大学大学院经济研究》第九号,2009b。

倪志敏:《大平正芳内阁与中日关系——中日紧密化的过程》(其一)(其二)(其三),《龙谷大学经济学论集》第四九卷第二、三、四号,2009—2010。

〔日本〕新关欣哉:《日苏交涉的舞台背后——一位外交官的记录》,日本放送出版协会,1989。

〔日本〕野田佳彦:《我的政治哲学》,《Voice》二〇一一年一〇月号。

〔日本〕升亚美子:《有关越南战争的日本外交——美式和平的变容与日本外交的"战后"结束的开始》,《外交史料馆报》第二四号,2011。

〔日本〕长谷川贵志:《日中LT贸易交涉与外务省——以省内围绕"冈崎构想"的讨论为中心》,《驹泽大学大学院史学论集》第四二号,2011。

〔日本〕波多野澄雄:《作为历史的日美安保条约——机密外交记录所展现的"密约"的虚实》,岩波书店,2010。

〔日本〕波多野澄雄・佐藤晋:《现代日本的东南亚政策一九五〇—二〇〇五》,早稻田大学出版部,2007。

〔美国〕乔治・R.帕卡德/森山尚美译:《赖肖尔的昭和史》,讲谈社,2009。

〔日本〕服部龙二:《大平・金钟泌会谈记录——一九六二年秋》,《人文研纪要》第六五号,2009a。

〔日本〕服部龙二:《有关金大中事件的史料》,《综合政策研究》第一七号,2009b。

〔日本〕服部龙二:《田中首相・尼克松总统会谈记录——一九七二年八月三一日、九月一日》,《人文研纪要》第六八号,2010。

〔日本〕服部龙二:《日中邦交正常化》,中公新书,2011a。

〔日本〕服部龙二:《大平・邓小平・华国锋会谈记录——一九七九年二、一二月》,《中央大学论集》第三二号,2011b。

〔日本〕服部龙二:《二〇一一年一二月二二日公开文件"日中邦交正常化"等》,《外交史料馆报》第二六号,2012。

〔日本〕服部龙二:《大平・蒋介石・沈昌焕会谈记录——一九六四年七月》,《外交史料馆报》第二七号,2013。

〔日本〕春名干男:《秘密文件——CIA的对日工作》下卷,新潮文库，2003。

〔日本〕平川幸子：《"两个中国"与日本方式——外交矛盾解决的起源与应用》，劲草书坊，2012。

〔日本〕樋渡由美：《战后政治与日美关系》，东京大学出版会，1990。

〔日本〕福川伸次：《通商产业大臣时代》，大平正芳纪念财团编：《去华就实 闻书大平正芳》，大平正芳纪念财团，2000a。

〔日本〕福川伸次：《总理时代的思索与言行》，大平正芳纪念财团编：《去华就实 闻书大平正芳》，大平正芳纪念财团，2000b。

〔日本〕福田赳夫：《我的履历书》，岸信介、河野一朗、福田赳夫、后藤田正晴、田中角荣、中曾根康弘：《我的履历书 保守政权的领导人》，日经贸易文库，2007。

〔日本〕福田元：《日中航空协定交涉 一九七三—七五年》，高原明生·服部龙二编：《日中关系史 一九七二—二〇一二 I 政治》，东京大学出版会，2012。

〔日本〕福田元：《中国外交与台湾——"一个中国"原则的起源》，庆应义塾大学出版会，2013。

〔日本〕福永文夫：《大平正芳》，中公新书，2008。

〔日本〕福永文夫：《大平正芳记录（抄）》，《中央公论》二〇一二年七月号。

〔日本〕福本邦雄：《表面舞台 舞台背后——福本邦雄回忆录》，讲谈社，2007。

〔日本〕藤井宏昭：《日中航空协定交涉》，大平正芳纪念财团编：《去华就实 闻书大平正芳》，大平正芳纪念财团。

〔日本〕藤山爱一郎：《政治 我的道路 藤山爱一郎回想录》，朝日新闻社，1976。

〔日本〕船桥洋一:《峰会思想》,朝日文库,1991。

〔日本〕古泽健一:《昭和秘史 日中和平友好条约》,讲谈社,1988。

〔日本〕古野喜政:《金大中事件的政治决算——放弃主权的日本政府》,东方出版,2007。

〔日本〕古海忠之、城野宏:《狱中的人类学(新改版)》,致知出版社,2004。

〔美国〕马尔科姆、弗雷泽:《太平洋共同体愿景的同志》,公文俊平、香山健一、佐藤诚三郎监修:《大平正芳 政治的遗产》,大平正芳纪念财团,1994。

〔日本〕法眼晋作:《追忆大平先生》,大平正芳回想录刊行会编:《大平正芳回想录——追忆编》,大平正芳回想录刊行会,1981。

〔日本〕保城广至:《亚洲地区主义外交的去向——一九五二—一九六六》,木铎社,2008。

〔日本〕堀越作治:《战后政治的十三个证言——政治记者采访记录》,朝日新闻社,1989。

〔日本〕每日新闻政治部:《安保》,角川文库,1987。

〔日本〕牧原出:《权力转移——是什么让政治稳定》,NHK出版,2013。

〔日本〕益尾知佐子:《中国政治外交的转折点——改革开放与"独立自主对外政策"》,东京大学出版会,2010。

〔日本〕益尾知佐子:《中国的近代化与日本模式——邓小平时代的日中关系》,赵宏伟、青山瑠妙、益尾知佐子、三船汇美:《中国外交的世界战略——日·美·亚洲的攻防三十年》,明石书店,2011。

〔日本〕增田弘:《美中接近与日本——日本政府(外务省)·自民党的对中国接近政策的失败》,《尼克松访华与冷战构造的变容——美中接近的冲击与周边各国》，庆应义塾大学出版会，2006。

〔日本〕町田贡：《日韩智力战争》，文艺春秋，2011。

〔日本〕松永信雄：《一位外交官的回想》，日本经济新闻社，2002。

〔日本〕真锅贤二：《我眼中的大平正芳——其素颜和姿势》，选举宣传公司，1976。

〔日本〕真锅贤二：《加深了对外交的关注》，大平正芳纪念财团编：《去华就实 闻书大平正芳》，大平正芳纪念财团。

〔日本〕御厨贵：《行走在权力之馆》，每日新闻社，2010。

〔日本〕御厨贵：《知与情——宫泽喜一与竹下登的政治观》，朝日新闻出版，2011。

〔日本〕御厨贵、伊藤隆、饭尾润编：《渡边恒雄回忆录》，中公文库，2007。

〔日本〕宫城大藏：《战后亚洲秩序的摸索与日本》，创文社，2004。

〔日本〕御厨贵、中村隆英编：《闻书 宫泽喜一回忆录》，岩波书店，2005。

〔日本〕宫崎弘道：《东京峰会的真相与日本》，《世界经济评论》第二三卷第九号，1979。

〔日本〕宫泽喜一：《津岛·池田藏相的秘书官时代》，大平正芳纪念财团编：《去华就实 闻书大平正芳》，大平正芳纪念财团，2000。

〔日本〕宫本雄二：《今后，如何与中国相处》，日本经济新闻出版社，2011。

《村田良平回忆录——侍从于战败的国家》上卷，雅典娜书房，2008。

〔日本〕村松增美：《大平先生的英语》，公文俊平、香山健一、佐藤诚三郎监修:《大平正芳政治的遗产》,大平正芳纪念财团,1994。

〔日本〕村松岐夫:《大平正芳——岁入岁出政治的问题提起者》,渡边昭夫编:《战后日本的宰相们》,中央公论社,1995。

〔日本〕毛里和子:《日中关系——从战后到新时代》,岩波新书,2006。

〔日本〕森田一:《最后的旅程》,行政问题研究所,1981。

〔日本〕森田一:《有关大平内阁的事实》,大平正芳纪念财团编:《去华就实 闻书大平正芳》,大平正芳纪念财团。

〔日本〕森田一/服部龙二、升亚美子、中岛琢磨编:《心中一灯 回忆大平正芳——其人格与外交》,第一法规,2010。

〔日本〕森喜朗:《我的履历书森喜朗回忆录》,日本经济新闻社,2013。

〔日本〕安川壮:《无法忘却的回忆与今后的日美外交——珍珠港事件以来的半个世纪》,世界动态社,1991。

〔日本〕安田正治:《凹形的政治家·大平总理》,公文俊平、香山健一、佐藤诚三郎监修:《大平正芳 政治的遗产》,大平正芳纪念财团,1994。

〔日本〕柳田邦男:《狼来了的日子》,文春文库,1982。

〔日本〕山泽逸平:《环太平洋连带构想进展了多少?》,渡边昭夫编:《亚太连带构想》,NTT出版,2005。

〔日本〕山本健:《"欧洲年"的日欧关系,一九七三—七四年》,《日本EU学会年报》第三二号,2012。

〔日本〕山本健:《"欧洲年"与日本外交,一九七三—七四年——外交的多元化探索与日美欧关系》,《NUCB Journal of Economics and Information Science》第五七卷第二号,2013。

〔日本〕吉田真吾:《日美同盟的制度化》,名古屋大学出版会,

2012。

〔日本〕吉次公介:《池田政权时期的日本外交与冷战——战后日本外交的坐标轴 一九六〇——一九六四》，岩波书店，2009。

〔日本〕吉次公介:《日美同盟是如何形成的——"安保体制"的转折点 一九五一——一九六四》，讲谈社，2011。

〔美国〕埃德温·赖肖尔:《序——大平正芳与我》，公文俊平、香山健一、佐藤诚三郎监修:《大平正芳 人与思想》，大平正芳纪念财团，1990。

〔美国〕埃德温·赖肖尔、哈尔·赖肖尔/入江昭监修:《赖肖尔大使日录》，讲谈社学艺文库，2003。

李恩民:《转型期的中国·日本与台湾——一九七〇年代中日民间经济外交的原委》，御茶水书房，2001。

〔韩国〕李钟元:《从日韩新公开外交文书看日韩会谈与美国（三）——朴正熙军事政权的成立到"大平·金笔记"》，《立教法学》第七八号，2010。

〔韩国〕李钟元:《日韩会谈的政治解决与美国——通往"大平·金笔记"的道路》，李钟元、木宫正史、浅野丰美编:《作为历史的日韩邦交正常化》I，法政大学出版局，2011。

〔韩国〕刘仙姬:《朴正熙的对日·对美外交——冷战转型期韩国的政策，一九六八——一九七三年》，雅典娜书房，2012。

鹿雪莹:《古井喜实与中国——通往日中邦交正常化之路》，思文阁，2011。

〔日本〕若泉敬:《欲使其相信别无他策》，文艺春秋，1994。

〔日本〕若月秀和:《"全方位外交"时代——冷战变容时期的日本与亚洲·一九七一——八〇年》，日本经济评论社，2006。

〔日本〕若月秀和:《大国日本的政治领导 一九七二——一九八九》，吉川弘文馆，2012。

〔日本〕渡边昭夫:《作为国际政治家的大平正芳》,公文俊平、香山健一、佐藤诚三郎监修:《大平正芳 政治的遗产》,大平正芳纪念财团,1994。

〔日本〕渡边昭夫编著:《亚太与新地区主义的展开》,千仓书房,2010。

〔日本〕渡边恒雄:《政治的密室》,雪华社,1966。

〔日本〕渡边恒雄:《天运天职——摘清战后政治背后的历史、半生、巨人军》,光文社,1999。

〔日本〕渡边满子:《祖父、大平正芳的死与母亲的写经》,《文艺春秋》二〇一三年九月号。

Carter, Jimmy, 2011: "White House Diary", Farrar, Straus and Giroux.

Department of State, ed, 2011: *Foreign Relations of the United States, 1969-1976*, Volume 36, "Energy Crisis, 1969-1974", United States Government Printing Office.

Kissinger,1982: "Hanry.Yesas of Upheaval", Little Brown & Compant.

北京日本学研究中心编:《大平正芳与中日关系》,北京:中央编译出版社,2011。

宫力:《从中美缓和到实行"一条线"的战略——二〇世纪六〇年代末、七〇年代初中国对外战略的转变》,《中共中央党校学报》第六卷第二期,2002。

《谷牧回忆录》,北京:中央文献出版社,2009。

黄华:《亲历与见闻——黄华回忆录》,北京:世界知识出版社,2007。

黄自进访问、简佳慧记录:《林金茎先生访问记录》,台北:中央研究院近代史研究所,2003。

中共中央文献研究室编:《周恩来年谱》下卷,北京:中央文献出版社,1997。

后　记

"牵牛会"是为缅怀大平而结成的组织,名字取自七夕节,每年七月七日举行集会。参加者由亲属、官僚、智囊等以家族成员以及较为亲近的人组成。大平逝世三十四年后的今天人们仍在缅怀他的功绩。

大平正芳纪念财团也在延绵不断地举办各种包括奖励研究环太平洋连带构想的活动。这种情况在大平以外的其他首相中并不多见。这正是大平被各界仰慕的最好证据。

但是,除了与大平有直接接触的人以外,对于其他人来说大平的魅力却不易为人所知。随着地位的提高,大平对自己的每一句话都格外谨慎。虽然少有失言,但是他的哲学却未能得到国民的理解。

要把这归咎于大平的局限性是件很窘的事,但是另一方面国民或者媒体难道就没有反省的地方吗?面对这部书稿,我回想着当时的情景,不由得想到了这个问题。

大平非常有文采,留下了"政界是妒忌的海洋"、"三个人走到一起就能形成派阀"、"文化的时代"、"超越现代的时代"等许多名言。而这些思想可以概况为"椭圆的哲学"和"永恒的当今"。

我通读了他的全部著作,采访了知晓往事的政治家和官僚、新闻记者、亲属等人,又对照核实了公文和大平谈话记录,有些时候我甚至感觉大大得益于他的那些话语。认为人类本质是不完美的"六十分主义"才是他最代表性的主张。

本书以外交、安全保障为基轴追溯了大平的足迹。多次申请信息解密，同时也使用了最新解密的档案。采访了原秘书以及与宏池会不同派系的人，在保守政治的潮流中定位大平方面付出了努力。

近年来对大平的评价不断上升。这可能是因为其生前的印象逐步退去，到了通过文章及发言记录了解大平的时代。这一倾向也正与本书相契合。文字上思路清晰的发言到了电视或是街头演说可能又会给人另一种感触。

我在森田一/服部龙二·升亚美子·中岛琢磨编《心海一灯 回忆大平正芳——其人与外交》（第一法规，2010年）出版以来，便受到曾经是首相首席秘书又是女婿的原运输大臣森田一先生的关照。我也见到了大平的长女森田芳子女士以及次子大平裕先生。

我在香川县观音寺市的大平正芳纪念馆中阅览了非常珍贵的史料和遗物。在相关人士的指引下，参观了位于丰滨町的大平正芳诞生地、接受洗礼的教堂、墓地、丰滨八幡神社的铜像、香川县立观音寺第一高等学校的胸像。在丰滨町中央公民馆中看到的大平年幼时所使用的桌子令我印象深刻。

对于官僚们的采访构成为了本书的重要内容。尤其是原联合国大使菊地清明、原通商产业省副大臣福川伸次、原驻英大使藤井宏昭、原驻华大使佐藤嘉恭曾担任大平的秘书，所以采访的意义很大。原产经新闻社的阿部穆还为我讲述了作为访台随行记者的经历，并给我介绍了很多人。

我从先行研究中受益匪浅。有幸和大平研究的权威福永文夫先生进行共同研究，承蒙指导。我也利用了福永先生编辑的《大平正芳全著作集》。

我得到了龙谷大学的中岛琢磨先生、香川大学的井上正也先生、北海道大学的白鸟润一郎先生对本书稿提出的批评和建议。庆应义塾大学研究生院的赤川尚平同学在听写整理采访录音带方面给予了大力支持。

岩波书店的马场公彦先生、中山永基先生从整体的结构到细微部分的表述都给予了指导，使本书最终能够得以出版。在此谨向上述各位表示深深的谢意。

二〇一四年四月
服部龙二

OHIRA MASAYOSHI, RINEN TO GAIKO
by Ryuji Hattori
©2014 by Ryuji Hattori
Originally published 2014 by Iwanami Shoten, Publishers, Tokyo
This simplified Chinese edition published 2017
by Central Compilation & Translation Press, Beijing
by arrangement with the proprietor c/o Iwanami Shoten, Publishers, Toyko

图书在版编目 (CIP) 数据

大平正芳的外交与理念 ／（日）服部龙二著；沈丁心，腾越译.
—北京：中央编译出版社，2017.9
ISBN 978-7-5117-2927-9

Ⅰ.①大… Ⅱ.①服… ②沈… ③腾… Ⅲ.①大平正芳（1910～1980）－对外政策－思想评论 Ⅳ.① K833.137=5 ② D831.30

中国版本图书馆 CIP 数据核字 (2015) 第 320046 号

大平正芳的外交与理念

出 版 人：葛海彦
出版统筹：贾宇琰
责任编辑：曲建文
执行编辑：程 彤
责任印制：尹 珺
出版发行：中央编译出版社
地　　址：北京西城区车公庄大街乙 5 号鸿儒大厦 B 座 (100044)
电　　话：(010) 52612345（总编室）　(010) 52612370（编辑室）
　　　　　(010) 52612316（发行部）　(010) 52612317（网络销售）
　　　　　(010) 52612346（馆配部）　(010) 66509618（读者服务部）
传　　真：(010) 66515838
经　　销：全国新华书店
印　　刷：河北下花园光华印刷有限责任公司
开　　本：787 毫米 ×1092 毫米　1/16
字　　数：151 千字
印　　张：12.25
版　　次：2017 年 9 月第 1 版
印　　次：2017 年 9 月第 1 次印刷
定　　价：39.00 元

网　　址：www.cctphome.com　　邮　　箱：cctp@cctphome.com
新浪微博：@ 中央编译出版社　　微　　信：中央编译出版社 (ID：cctphome)
淘宝店铺：中央编译出版社直销店 (http://shop108367160.taobao.com) (010) 55626985

本社常年法律顾问：北京市吴栾赵阎律师事务所律师　闫军　梁勤
凡有印装质量问题，本社负责调换，电话：(010) 55626985